Visualisierung

*Visualisierung mit der Kraft der Gedanken –
wie du die Macht der Affirmation und das Gesetz der
Anziehung nutzen kannst, um dein Leben selbst zu gestalten*

NextLevel
ACADEMY

Inhalt

Einleitung

Wir wissen es seit Langem: Gedanken sind ganz stark mit körperlichen Prozessen verbunden. Etwas funktioniert, egal ob negativ oder positiv, einfach, weil wir daran glauben. Die Medizin bedient sich dieser Erkenntnis durch Placebos. Und wir können mit dieser Erkenntnis auch in anderen Bereichen, nicht nur der Medizin, unser Leben ändern.

Wie machtvoll können unsere Gedanken dabei sein? Wer konstant negativ denkt, kann krank werden. Und er braucht dafür nicht einmal an einer spezifischen Krankheit zu leiden.

Andererseits haben positive Gedanken einen positiven Einfluss auf unsere Gesundheit und unser Leben im Allgemeinen, den man ausnutzen kann und sollte.

Glücklicherweise haben viele Menschen positive Praktiken wie das Meditieren, Aufmerksamkeit üben und Wertschätzen bereits in ihr alltägliches Leben integriert. Die Visualisierung ist eine weitere Übung, die wir noch hinzunehmen sollten. Hierbei beruhigen wir unsere Gedanken nicht nur, sondern bringen sie in die für uns passende Richtung. In den USA ist sie, vor allem unter den Business-Leuten, eine beliebte Praxis. Aber sie funktioniert natürlich für alle Bereiche unseres Lebens.

In diesem Buch werden wir dir Schritt für Schritt zeigen, wie du, ausgehend von dem Punkt, wo du dich gerade in deinem Leben befindest, dahin kommst, wo du hin möchtest.

Du wirst lernen, wie du dein „Schicksal“ auf deine Bedürfnisse und Wünsche abstimmen kannst, mit magischen Ergebnissen. Du wirst verstehen, wie du dein Leben selbst in die Hand nehmen kannst.

Wie funktioniert das?

Dieses Buch gibt dir all das Wissen, die Mittel und Fähigkeiten an die Hand, die gebrauchst, um dein Leben und dich selbst in das zu verwandeln, was du gerne möchtest. Es wird dein Wegbegleiter sein, um dort hinzukommen.

Das Buch hat fünf Hauptteile: Im ersten Teil wird in drei Kapiteln die Theorie über Visualisierung, das Gesetz der Anziehung und Affirmationen erläutert, und im zweiten, praktischen Teil erklären wir dir Schritt für Schritt mit praktischen Übungen und einem Logbuch, wie du zu den gewünschten Ergebnissen kommst. Aber auch Belege aus der Wissenschaft kommen nicht zu kurz.

Lies alles der Reihe nach durch. Das ist wichtig, damit du einen wirklichen Fortschritt verzeichnen kannst. Überspring also keine Teile. Die praktischen Übungen kannst du dann nachher so oft machen, wie du möchtest.

Eine andere Empfehlung ist, dass du wirklich immer deine Gedanken und Eindrücke aufschreibst. So wird es einfacher sein, nachher die Veränderungen in allen Bereichen festzustellen.

Der wichtigste Punkt bei all diesen Übungen ist, dass du wieder du selbst wirst. Jeder hat eine eigene und ganz spezifische Mission in seinem Leben, und es geht darum, diese zu erfüllen. Wenn wir das tun, sind wir positive und zufriedene Menschen. Dieses Buch wird dir helfen, mit dieser Mission in Kontakt zu kommen. Das, was du dann anziehen willst, wird immer synchron dazu gehen.

Teil I

Visualisierung

Was ist Visualisierung?

Allgemein gesagt bedeutet Visualisierung, Daten und Zusammenhänge in eine visuell wahrnehmbare Form zu bringen. Das kann z. B. die grafische Darstellung der Ergebnisse des letzten Geschäftsjahres anhand von Balkendiagrammen sein, da diese erheblich eingängiger sind als eine langwierige mündliche oder schriftliche Erklärung. Aber auch, wenn du dir dein Traumhaus vorstellst, kann es deutlich klarer sein, wenn du es zeichnest oder, noch besser, in allen Farben ausmalst. Ein Architekt macht das grundsätzlich, bevor mit dem Hausbau begonnen wird.

Wie du siehst, kann es sich hier also um die Darstellung von schwierigen und komplexen, aber auch von einfachen Konzepten handeln, die visuell so einfach für die Meisten verständlicher sind. Oft werden dabei bei komplizierten Sachverhalten Details weggelassen, die für das Verständnis nicht unbedingt notwendig sind.

In der dreidimensionalen Welt müssen wir uns entscheiden, auf welche Art und Weise wir die Visualisierung durchführen wollen, denn es gibt natürlich verschiedenen Möglichkeiten, die Information darzustellen: ein Poster, eine Zeichnung, eine Powerpoint Darstellung, etc. In unserer geistigen Visualisierung haben wir dieses Problem nicht. Wir verlassen 3D und gebrauchen unser geistiges Auge, d. h. wir verwenden das, was auch häufig meditative Visualisierung genannt wird.

Wenn wir in diesem Buch daher von Visualisierung sprechen, beziehen wir uns im Folgenden auf diese Art von Visualisierung.

Es handelt sich hierbei also um eine Übung, bei der gewisse Bilder in der Vorstellung mithilfe der Konzentration und der Ideen hervorgerufen werden. Damit können wir verschiedene Nutzen erreichen, wie z. B. eine schnellere Wundheilung und weniger Schmerz in der Medizin, aber auch Angstzustände und Stress verringern oder abbauen und Dinge und Gemütszustände für unser Leben anziehen, die wir gerne in ihm hätten.

Das Zitronenbeispiel

Ein gutes Beispiel hierfür ist, uns eine Zitrone vorzustellen. Jeder weiß, wie eine schöne, saftige Zitrone aussieht und schmeckt, nicht wahr? Also, machen wir die Übung, damit du verstehst, wie es geht. Du brauchst nur ein paar Minuten dafür.

Du hast zwei Möglichkeiten, dies durchzuführen: Entweder du liest den Text erst bis zum Trennzeichen und schließt dann die Augen und machst die Vorstellungsübung, oder du lässt dir den Text langsam von einer anderen Person vorlesen, die dich bei dem Experiment führt.

Vielleicht kennst du das Beispiel schon. Mach es trotzdem noch mal.

Schließe deine Augen, atme ein paar Mal tief durch und stell dir nun vor, du hast diese saftige Zitrone vor dir auf dem Tisch liegen. Nimm sie ruhig in die Hand, befühle ihre Schale und nimm ihren Geruch durch die Schale wahr.
Nun schneidest du sie mit einem Messer in zwei Hälften, alles in deiner Vorstellung. Wir hatten gesagt, es ist eine richtig saftige Zitrone. Der Saft tropft also schon heraus.

Lass eine Hälfte auf dem Brett liegen und nimm die andere in deine Hand. Der Saft läuft über deine Finger. Rieche zunächst einmal an der Zitrone. Sicher riechst du nun schon stärker die Säure der Zitrone.

Jetzt beißt du in die Zitrone. Der Saft quillt in deinen Mund.

Welche Erfahrungen hattest du bei dieser einfachen Übung? Wenn du dich auf die Übung konzentriert und dir alles wirklich geistig vorgestellt hast, kannst du mindestens zwei Dinge bestätigen:

- Du hast die Säure in deinem Mund gespürt und mehr Speichel produziert.
- Du hast dein Gesicht wegen der Säure verzogen.

Aber es kann auch gut sein, dass du noch etwas mehr verzeichnen konntest.

- Vielleicht erinnerte dich der Geruch auch an Urlaub in südlichen Ländern, an Sonne auf der Haut und Meer. Wer weiß ...

Wenn dich jemand bei dem Experiment begleitet hat, kann diese Person sicher zumindest deinen Gesichtsausdruck bestätigen.

Dieses Beispiel hat uns Verschiedenes gezeigt:

- Unsere Gedanken und Vorstellungen haben Einfluss auf unseren Körper. Unser Gesicht und unser Geschmackssinn haben auf eine imaginäre Zitrone reagiert, so als ob sie echt wäre. Jede Vorstellung und jeder Gedanke haben also eine Auswirkung auf unseren Körper und unsere Gefühle.
- Unser Gehirn unterscheidet nicht zwischen reellen und imaginären Situationen. Das kann es nicht. Für unser Gehirn ist unsere Einbildung eine Wirklichkeit.
- Die körperlichen Erlebnisse sind völlig verschieden, je nachdem, ob du nur an eine Zitrone denkst (ich hatte dir zunächst nur gesagt, dass jeder von uns weiß, wie eine Zitrone aussieht und schmeckt, und du hast bestimmt an eine gedacht) oder ob du die Erfahrung wirklich visualisierst. Visualisieren ist nicht das Gleiche wie sich vorstellen.
- Die Visualisierung ist nicht nur optisch.

Die Visualisierung verwandelt die Vorstellung also für unser Gehirn in eine Realität.

Dabei ist es sicher auch einfacher, auf Vorstellungsbilder zurückzugreifen, die uns bereits bekannt sind, als auf Bilder eines Sachverhaltes, der uns mehr oder weniger unbekannt ist.

Visuelle und nicht visuelle geistige Bilder

Und wir haben bei der Übung mit der Zitrone etwas Anderes gelernt: Die Visualisierung muss nicht nur optisch sein. Sie kann auch unsere anderen Sinne, wie den Geschmackssinn, das Gehör, den Geruch und den Tastsinn bzw. das Fühlen mit einbeziehen. Bei unserem Zitronenbeispiel haben wir z. B. den Geruch der Zitrone wahrgenommen, aber auch ihre Säure geschmeckt, ihre Schale gefühlt und wahrscheinlich auch die Wärme der Sonne auf unserer Haut gespürt. Und vielleicht hat auch der eine oder andere das Zerbersten der Saftsegmente der Zitrone beim Hereinbeißen gehört. Und natürlich haben wir die Zitrone optisch wahrgenommen.

Und das alles, obwohl wir genau wussten, dass die Zitrone reell gar nicht da war, sondern nur in unserer Einbildung.

Warum sagen wir also visualisieren? Wir gebrauchen unser geistiges Auge, das außerhalb der üblichen drei Dimensionen funktioniert. Und der Großteil der Bevölkerung funktioniert visuell, reagiert also mehr auf optische Reize als auf die der anderen Sinnesorgane. Nimm das einfach zur Kenntnis und achte einmal ein bisschen darauf, wie du selbst reagierst.

Wie funktioniert dann unser Gehirn?

Unser Gehirn unterscheidet nicht zwischen reell und fiktiv.

Und am Ende kommt dann die Frage auf: Was ist eigentlich wirklich „reell"?

Für unser Gehirn das, was wir visualisieren!

Mit dieser Erkenntnis können wir nun weitermachen.

Wir haben also gelernt, dass unser Gehirn nicht unterscheidet zwischen dem, was reell ist und dem, was nur unsere Vorstellung war. Das kann es nicht. Es kann nur reagieren, also die eingegebenen Daten verarbeiten wie ein Computer.

Das kann eine beunruhigende Erkenntnis sein oder eine aufklärende. Womit ich mein Gehirn füttere, das kommt nachher dabei heraus. Da mein Gehirn nicht unterscheiden kann, muss ich das tun, wenn ich es füttere.

Wenn ich zum Beispiel meinem Gehirn sage, dass ich Angst habe, wenn ich abends alleine auf der Straße bin, reagiert es darauf, und unser Körper und unser Verhalten spiegeln es wider. Unser Gehirn glaubt, wir sind in Gefahr, auch wenn wir auf einer gutbeleuchteten, sicheren Straße gehen. Wenn wir unserem Gehirn jedoch sagen, dass alles in Ordnung ist und wir den Abendspaziergang genießen, werden wir das auch in unserem äußeren Verhalten und unserer Haltung zeigen. Das erklärt sicher, warum einige Menschen öfter das Opfer von Überfällen sind als andere, wenn auch nicht immer.

Unser Gehirn ist also ein guter und zuverlässiger, ausführender Computer (die Betonung liegt auf zuverlässig und ausführend), aber kein EDV-Manager. Diese Funktion müssen wir übernehmen und für unser Gehirn entscheiden, was Wahrheit und was Einbildung ist. Damit werden wir ein viel besseres Leben führen.

Denn unser Gehirn veranlasst auch die Produktion von Hormonen, sei es Stress- und Angsthormone oder Glückshormone, je nachdem, welches der Input der Informationen ist. Wir können und sollten da bewusst die Kontrolle haben.

Unser Gehirn ist ein Gewohnheitstier.

Es stellt neuronale Verbindungen her, die auf unseren üblichen Gedanken- und Gefühlsmustern basieren, also das wiedergeben, was wir normalerweise denken, wie wir handeln, wie wir uns ausdrücken, wie wir uns gegenüber anderen Personen verhalten und wie wir unsere Resultate erzielen. Wenn wir das verstehen, können wir besser in unsere Verhaltensmuster eingreifen. In anderen Worten: Das, was wir säen, ernten wir. Und diese alten Verhaltensmuster können, wenn wir etwas in unserem Leben verändern wollen, eine Barriere sein. Wenn uns negative Gedanken zurückhalten, ist es Zeit, etwas zu ändern. Dabei hilft uns die Visualisierung zusammen mit den Affirmationen, auf die wir weiter unten noch im Detail eingehen werden. Es ist absolut normal, dass Gedanken und Verhalten, die vorher perfekt für uns funktionierten, plötzlich veraltet sind, wenn wir etwas Anderes erreichen wollen, und uns dabei im Weg stehen.

Unser Unterbewusstsein ist stärker als unser Bewusstsein.

Auch dies ist wichtig. Denn wir wissen normalerweise, was in unserem Bewusstsein vorgeht, aber nicht, was im Unterbewussten passiert, wie der Name es schon sagt. Und für den Fall, dass ich dort, bedingt durch irgendein Ereignis aus der entfernten Vergangenheit, der frühen Kindheit zum Beispiel, negative Erinnerungen vergraben habe, werden alle meine Anstrengungen mit Visualisierungen und Affirmationen nichts nützen oder nur kurzfristige Resultate zeigen, da ich ja innerlich eine ganz andere Frequenz habe, die entsprechende Dinge anzieht. Dann muss ich erst diese negativen Erinnerungen neutralisieren, wozu ich wahrscheinlich professionelle Hilfe benötige. Aber das ist längst nicht immer der Fall. Meist können wir mit Affirmationen unser Gehirn schon in die richtige Richtung lenken.

Warum funktioniert Visualisierung?

Wie du an dem Beispiel oben mit der Zitrone sehen konntest, unterscheidet unser Gehirn nicht zwischen reellen und eingebildeten Bildern. Das kann natürlich Vorteile und Nachteile haben. Wenn ich mir konstant vorstelle, dass etwas Negatives passieren wird, reagiert mein Gehirn darauf, als ob es Wirklichkeit ist, und produziert Stress und Angstzustände, und mein Körper und meine Seele werden auf Dauer krank. Wenn ich mir ein positives Szenario ausmale, nimmt es das als die Realität an, egal was die äußere Wirklichkeit ist und ich lebe ein positives Leben.

Diese Tatsache nutzen wir bei der Visualisierung für unsere Zwecke aus.

Wie funktioniert Visualisierung?

Die o. g. Erkenntnis nutzen wir, um unsere Wunschergebnisse zu erzielen, in anderen Worten: Wir nutzen die Fähigkeiten unseres Gehirns für unsere Zwecke. Wir programmieren also sozusagen unser Gehirn auf den Zustand, den wir erreichen wollen. Der Rest der externen Realität existiert natürlich auch weiterhin, aber unser Gehirn achtet nicht mehr darauf und versucht, die mentale Realität auch in eine externe Realität zu verwandeln. Eine Art Filter also. Welchen Filter möchtest du? Diese Tatsache führt uns dazu umzudenken.

Um eine gute Visualisierung zu erreichen, ist ein entspannter Zustand von großem Nutzen. Unser Gehirn sollte also während der Zeit der Visualisierung Ruhe vom Alltagsstress haben und auch sein ständiges inneres Gerede abstellen. Aber dazu mehr in den praktischen Übungen.

Visualisierung kann mit geschlossenen oder offenen Augen durchgeführt werden. Für den Anfänger ist es jedoch anzuraten, mit geschlossenen Augen zu beginnen, da so externe Einflüsse weitgehend ausgeschaltet werden, die uns sonst nur ablenken würden. Denk dran, unser Gehirn ist ein Gewohnheitstier, und die Gewohnheit der Visualisierung ist bisher noch nicht ein Teil seiner Verhaltensmuster.

In welchen Bereichen ist Visualisierung wichtig und anwendbar?

Eigentlich kann man die Visualisierung in allen Lebensbereichen anwenden, aber es gibt einige spezielle Gebiete, in denen sie bereits seit längerer Zeit mit viel Erfolg verwendet wird.

Medizin

Bei fortgeschrittenen Stufen des Autogenen Trainings werden in der Psychotherapie Farben, geometrische Formen, Objekte und Landschaften visualisiert.

Auch in der Krebstherapie nach der Simonton-Methode wird die Selbstheilungskraft der Patienten durch Entspannungs- und Visualisierungsübungen gefördert.

Spitzensport

Die Visualisierung wird schon seit Langem im Leistungssport eingesetzt, um die gewünschten Resultate zu erzielen. Spitzengewichtheber visualisieren sich vor dem Gewichtheben, wie sie ein spezifisches Gewicht bewältigen. Wohlbemerkt: Nicht, wie sie es bewältigen können, sondern dass sie es wirklich tun. Es ist bekannt, dass, wer das tut, es nachher beim Wettbewerb erheblich leichter hat, dies auch wirklich zu realisieren.

Aber auch die Einstellung des Trainers zu seinem Team kann Wunder wirken. Wenn der Trainer eine negative Meinung von seiner Mannschaft hat, wirkt sich dies negativ auf deren Leistung aus. Wenn die Einstellung des Trainers und der Mannschaft positiv ist, trägt dies viel zum Erfolg bei.

Die geistige Projektion ist also sehr ausschlaggebend.

Religionen

In verschiedenen Religionen wie dem Buddhismus, dem Hinduismus und dem Daoismus wird die Visualisierung in der Meditation verwendet, um sich von der Ich-Vorstellung zu lösen und die Konzentration zu erhöhen, unterstützt von Mantras. Visualisiert werden normalerweise Buddhas, Mandalas, etc.

Es ist aber natürlich nichts dagegen einzuwenden, die positiven Resultate aus anderen Bereichen auch für dein persönliches Leben anzuwenden. Vielleicht fängst du erst mit kleinen Dingen an – so ist es am Anfang einfacher, Resultate zu sehen, um dann nachher auch größere Ergebnisse zu erzielen. Deinen Träumen sind keine Grenzen gesetzt, solange du sie visualisieren kannst. Aber bitte immer so konkret wie nur eben möglich!

Nutzen der Visualisierung

Gewünschte Resultate erzielen

Die meditative Visualisierung kann uns also helfen, gewünschte Resultate zu erreichen, und zwar in allen Bereichen unseres Lebens, wie z. B. für unsere Gesundheit, Angstgefühle, physische und geistige Fähigkeiten und unsere Lebensqualität im Allgemeinen.

Stress abbauen

Visualisierung hilft uns aber auch, unseren Alltagsstress zu reduzieren und ein ausgeglicheneres Gemüt zu erlangen. Stress ist eine automatische Antwort unseres Körpers auf zu hohe Anforderungen oder Bedrohungen, egal, ob sie reell sind oder nur in der Vorstellung existieren, und die auf Dauer negative Auswirkungen für unseren Körper haben. Die Visualisierung funktioniert damit also ähnlich wie die Meditation und andere Entspannungsübungen, z. B. Atemtechniken. Dabei haben besonders die geführten Visualisierungen gute Resultate verzeichnen können. Aber, wenn du die hier im Buch vorgeschlagenen Übungen machst, wirst du auch alleine gute Resultate erzielen.

Geführte Meditationen und Visualisierungen kannst du auch zusätzlich hier finden.[1]

Das Gesetz der Anziehung

Was ist das Gesetz der Anziehung und wie funktioniert es?

Das Gesetz der Anziehung ist eines der universellen oder kosmischen Gesetze. Es besagt in kurzen Worten, dass wir das, was wir denken, auch anziehen. Dabei geht es davon aus, dass alles Energie ist und sich gleichgesinnte oder gleich gerichtete Energie anzieht und andererseits gegenteilige Energie zurückweist. Jede Energie hat dabei eine spezifische Frequenz, die wie ein Magnet für gleich gerichtete Frequenz wirkt.

Wenn wir dieses Prinzip auf unser Leben anwenden, können wir z. B. unsere Gesundheit, Wohlstand und gute Beziehungen konsequent verbessern. Nur als Erklärung: Negative Gedanken und Gefühle haben eine niedrige Frequenz und positive eine hohe Frequenz. Wenn wir im Einklang mit den kosmischen Gesetzen leben und das Schwingungsniveau unserer physischen, emotionellen und geistigen Energie erhöhen, können wir ein besseres Leben führen, indem wir Dinge anziehen, die zu diesem Schwingungsniveau passen. Ein höheres physisches Schwingungsniveau bedeutet mehr Wohlbefinden und bessere Gesundheit. Auf geistigem Niveau heißt das mehr Erfolg, Weisheit und geistiges Wachstum. Im emotionellen Bereich beschert uns diese erhöhte Frequenz mehr Freude, Liebe und Frieden. Wenn wir also gemäß diesem Prinzip leben, werden wir außerordentliche und extrem positive Ergebnisse in unserem Leben verzeichnen können.

Als kosmisches Gesetz ist das Gesetz der Anziehung immer in Aktion, unabhängig davon, ob wir daran glauben oder nicht und ob wir daran denken oder nicht. Es bringt die Dinge und Ereignisse in unser Leben, an die wir vorwiegend denken oder mit denen wir uns hauptsächlich beschäftigen. Das erklärt auch, warum wir gewisse Personen als unseren Freundeskreis anziehen und andere gar nicht erst wahrnehmen. Denk einmal darüber nach, welche Personen dich normalerweise suchen oder welche du suchst und welche nicht. Vielleicht sind es gar nicht diejenigen, die du gerne in deinem Leben hättest. Auf jeden Fall sind es aber die, die dir ähnlich sind.

Warum sind wir, was wir sind?

Wie bereits oben gesagt, sind wir das Resultat von dem, mit dem wir unser Gehirn füttern. Das können Gedanken, Gefühle, Eindrücke und Emotionen sein. Das ist viel wichtiger und schwerwiegender als alles Andere, was auf uns Einfluss hat und uns formt.

Alles ist Energie, alles ist Schwingung

Mit der neuen Physik haben wir gelernt, dass alles Energie ist und alles immer in Bewegung ist. Das Gesetz der Anziehung arbeitet auf dieser Grundlage.

Energie kann physische Formen annehmen, wie unsere Körper, die Bäume und Steine und alles Weitere in der Natur und unserer Umgebung und damit sichtbar sein, aber sie kann auch auf nichtphysischer Ebene existieren, d. h. wir sehen sie nicht, aber trotzdem existiert sie. Ein Beispiel sind unsere Gedanken, aber auch Radiowellen oder die Mikrowellen, mit denen unsere Handys funktionieren. Und obwohl wir sie nicht sehen oder anfassen können, wird jeder übereinstimmen, dass sie existieren.

Aber auch andere Formen dieser Energie sind uns bekannt, wenn wir uns ein bisschen mehr darauf konzentrieren und aufmerksam für diese Art von Frequenzen sind. Wir fühlen uns zum Beispiel in der Nähe einer Person wohl oder unwohl, je nach der Frequenz, die sie ausstrahlt und die wir selber haben. In anderen Worten, unsere Energien passen zusammen oder nicht, und dazu brauchen wir die andere Person nicht einmal zu kennen oder mit ihr gesprochen haben. Ein anderes Beispiel: Wir kommen zum ersten Mal in das Haus von jemand und fühlen uns gleich wohl oder unwohl. Und damit meine ich nicht die Einrichtung oder die Sauberkeit, sondern einfach die Energie, die man dort spürt. Und wenn wir uns auf die Telepathie beziehen, geht diese da noch ein paar Schritte weiter.

Und außerdem hat jeder von uns seine eigene Energie, die er als Frequenz konstant aussendet, und die je nach unserem Charakter und Gemütszustand variiert.

Wenn wir zufrieden sind und lächeln, lächelt unser Gegenüber fast garantiert automatisch zurück und wenn wir verärgert sind, bekommen wir sicher sehr wenig lächelnde Gesichter zu sehen. Wenn wir uns beschweren oder unzufrieden sind, sieht man diese Energie auch in unserem Gesicht, und die anderen gehen uns lieber aus dem Weg. Wenn es Streit gibt, riechen wir förmlich das „Gewitter", und damit meine ich natürlich nicht das Wetter draußen, sondern das innere Gewitter.

Wir verwenden also das Prinzip des Gesetzes der Anziehung konstant in unserem Leben, ohne dass es uns aber bewusst wird.

Wenn wir positiv denken, wird dieses Resultat mit ziemlicher Sicherheit eintreten. Und hast du schon mal beobachtet, dass, wenn du sowieso nicht glaubst, dass etwas passiert, es auch wahrscheinlich nicht passiert? Und wenn du negativ denkst, das meistens auch eintritt?

Egal, was wir also als Energie-Input haben, wird nachher auch mit großer Wahrscheinlichkeit als Output dabei herauskommen. Meist denken wir hierüber nicht nach, es funktioniert also unbewusst, aber es funktioniert. Wir sollten dieses Verständnis also besser bewusst gebrauchen, um unsere Realität zu erschaffen.

Die meisten Menschen lassen ihre Gedanken konstant um das kreisen, was sie ***nicht*** wollen und beschweren sich viel darüber, was in ihrem Leben alles nicht funktioniert. Es ist eine gute Übung, unser Leben einmal unter die Lupe zu nehmen und zu überprüfen, ob es wirklich das Leben ist, das wir haben wollten. Das ist ein guter Ausgangspunkt. Aber danach sollten wir diesen Standpunkt loslassen und uns darauf konzentrieren, was wir wollen. Wir sollten uns also auf die Lösung bzw. das gewünschte Resultat konzentrieren, und nicht auf das Problem. Denn die gute Nachricht ist, dass, wenn uns unser Leben nicht gefällt, wir es ändern können.

Wenn wir das Gesetz der Anziehung verstanden haben und **bewusst** anwenden, können wir viele Änderungen in unserem Leben erreichen. Wie können wir dieses Naturgesetz also bewusst ausnutzen, um unsere Frequenz in eine andere Schwingung zu bringen, die positiver für uns ist? Dazu müssen wir verschiedene Aspekte betrachten.

Deine persönliche Perspektive – Was siehst du in deinem Leben?

Siehst du die guten Dinge im Leben oder die negativen? Alles hat zwei Seiten, aber welche Seite siehst du normalerweise? Worauf konzentrierst du dich meistens? Wie du dich selbst siehst, die Situationen und die Menschen, die dich umgeben, all das hat Einfluss auf dein Leben. Siehst du das Glas halb voll oder halb leer? Dementsprechend ziehst du mehr positive oder mehr negative Dinge in deinem Leben an.

Diese Erkenntnis bedeutet, dass du einmal deine Art und Weise, das Leben zu sehen, ehrlich und objektiv unter die Lupe nehmen solltest. Denn dieser Standpunkt beeinflusst und reflektiert, was du denkst und was du anziehst.

Das Leben wird uns immer verschiedene Situationen anbieten, angenehme und nicht so angenehme. Auch wenn wir das Gesetz der Anziehung richtig anwenden, bedeutet das noch nicht, dass alles im Leben rosig ist. Die Frage ist nur, wie wir die Situationen nehmen, und ob wir die Erfahrungen als positive oder negative in unserem Inneren verarbeiten.

Es gibt ein Sprichwort, das besagt, dass jede Medaille zwei Seiten hat. Es ist eine persönliche Entscheidung, sich auf die Seite des Positiven zu stellen und das zu sehen und zu erträumen. Das hält unsere Frequenz auf einem höheren Niveau.

In anderen Worten, wir entscheiden selber, ob eine Situation positiv oder negativ ist. Das ist vielleicht für viele eine neue Erkenntnis, die erst einmal verdaut werden muss, und von der einige sagen werden, dass es ein recht naiver Standpunkt ist, dass die Welt so nicht funktioniert. So lange wir so denken, stimmt das auch. Aber wer hält uns davon ab, einmal etwas Anderes auszuprobieren?

Ich lade dich ein, bei der nächsten Gelegenheit, wenn ein Problem auftritt, die positive Seite dieses Problems zu suchen und zu sehen. Denk daran, jede Sache hat zwei Seiten. Oft verstehen wir das Gute einer Lektion erst im Nachhinein. Wie wäre es, das schon von Anfang an zu sehen? Die einfache Frage, warum sich diese Situation für uns präsentiert und was wir aus ihr lernen können, hilft schon, unsere innere Perspektive zu verschieben und andere Aspekte der Situation zu sehen. Und dies wiederum bringt uns in Verbindung mit anderen Lösungsmöglichkeiten, die, eben wegen deiner Perspektive, vorher gar nicht für dich existierten. Dies ist eine machtvolle Art, das Gesetz der Anziehung für dich zu nutzen und deine Gedanken und Frequenz zu ändern, um andere, positivere Dinge in dein Leben anzuziehen.

Die positive Seite, wo wir hinkommen wollen, sollte also unser Magnet sein, und nicht die negative Seite, die wir ja gerade hinter uns lassen wollen.

Dankbarkeit und Anerkennung oder Wertschätzung sind dabei zwei starke Emotionen, die uns helfen, mehr von dem zu erhalten, was wir uns wünschen und auf die wir später noch zurückkommen werden. Es ist einfach leichter, etwas anzuziehen, wofür wir schon dankbar sind, egal, ob wir es schon erhalten haben oder nicht, denn wir tun gerade durch unsere Dankbarkeit so, als ob wir es schon erhalten hätten.

Deine Gedankenwelt - Woran denkst du häufig?

Das ist es, was du in deinem Leben anziehst, ob du es willst oder nicht. Wenn wir bedenken, dass mehr als 60.000 Gedanken am Tag durch unser Gehirn gehen und der Großteil davon unbewusst ist, verstehen wir die Größenordnung dieser Aussage. Welches sind deine häufigsten Gedanken? Sind deine Gedanken konstruktiv? Spiegeln sie deine Träume und Ziele wider? Oder sind sie eher deine Sorgen und Ängste vor der Zukunft, Ärger, Schuldgefühle und andere negative Gefühle?

Das Resultat deiner sich häufig wiederholenden Gedanken ist dein derzeitiges Leben. Du weißt selber am besten, was du im Moment anziehst. Mit diesem Buch geben wir dir die Möglichkeit, das zu ändern.

Wenn du morgens zur Arbeit gehst und schon denkst: „Was ein fürchterlicher Tag! Noch so eine nervenaufreibende Sitzung heute!“, dann wird wahrscheinlich genau das eintreten. Wenn du aber denkst, dass mit der Sitzung heute verschiedene Probleme gelöst werden, wird dies das Resultat sein.

Die meisten Menschen haben leider vor allem negative Gedanken, genau über das, was sie nicht wollen. Unser Gehirn hat aus diesen Gedanken ein

Verhaltensmuster gestrickt, wie wir oben erklärt haben. Und es kostet viel Zeit und Aufwand, da wieder herauszukommen, wenn wir uns dessen erst einmal bewusst sind. Und das Schlimmste ist, meist sind diese Gedanken gar nicht wahr, sondern wurden einfach irgendwoher übernommen. Ein häufiger Gedanke ist, dass man nicht gut genug für etwas ist oder es nicht verdient. Oder dass man ab einem bestimmten Alter nichts Neues mehr lernen kann. Woher kommen diese Ideen? Wer hat sie bei uns eingepflanzt? Egal. Jetzt sind wir uns bewusst, dass sie existieren, und sollten sie mal hinterfragen. Wahrscheinlich haben sie gar kein Fundament. Mehr dazu im Übungsteil.

Deine Gefühle – dein Stimmungsbarometer

Im letzten Kapitel haben wir erfahren, dass wir mehr als 60.000 Gedanken am Tag haben, die durch unser Gehirn gehen, und dass es unmöglich ist, diese alle unter Kontrolle zu haben, da die meisten von ihnen unbewusst sind. Unsere Gefühle und Emotionen sind daher ein gutes Barometer um zu messen, was in uns vorgeht. Durch sie bekommen wir das Feedback, welche Gedanken wir vorwiegend haben.

Zu diesem Zwecke sollten wir aber zunächst einmal klären, was Gefühle, Emotionen und Empfindungen sind. Viele Menschen benutzen diese drei Konzepte, als ob sie das Gleiche meinen, aber das ist nicht richtig. Sie finden auf verschiedenen Ebenen unserer Energie statt.

Empfindungen sind Wahrnehmungen, die wir in und auf unserem ganzen Körper feststellen können, aber auch darüber hinaus, wenn wir dafür empfänglich sind. In ihrer einfachsten Form wird die Haut als ihr Wahrnehmungsort verstanden. Ein paar Beispiele werden dies verdeutlichen. Hitze und Kälte sind zum Beispiel Empfindungen, die wir alle kennen. Berührungen können als angenehm, unangenehm oder sogar schmerzhaft empfunden werden. Aber wir können uns mit den

Empfindungen auch auf ein anderes Niveau begeben und unseren physischen Körper verlassen. Wenn ich an jemand denke und diese Person mit mir in irgendeiner Weise verbunden ist, ist es sehr gut möglich, dass diese Person meine Gedanken spürt (und vielleicht sogar darauf antwortet). Achtung: Die Gedanken sind immer da, egal ob positiv oder negativ, und damit auch ihre Auswirkung auf die Frequenz des anderen, aber nicht alle Menschen empfinden sie bewusst. Weiter oben sagte ich, wir fühlen uns zum Beispiel wohl oder unwohl in der Gesellschaft oder im Haus von anderen. Das sind bis hier nur Empfindungen.

Empfindungen bringen uns alle in einen konstanten Kontakt, sie stehen über den Entfernungen und der Zeit, sie sind genau das, was wir ausdrücken wollen, wenn wir vom Hier und Jetzt sprechen. Nur da existieren sie und sind so leicht wie die Luft.

Gefühle sind Energien, die aus dem Herzen, also aus dem Brustraum kommen. Man kann sie mit dem Fließen des Wassers vergleichen. Sie sind der Ausdruck der Mitmenschlichkeit. Nicht umsonst wird die Gefühlswelt in der Astrologie vor allem mit den Zeichen des Elementes Wasser assoziiert. Gefühle sind z. B. Liebe und Trauer oder Traurigkeit.

Ich glaube, damit versteht sich auch, dass Gefühle sich nicht kontrollieren lassen, sie sollten damit frei sein. Leider ist dies in der Wirklichkeit oft nicht so, da wir unsere Gefühle zurückhalten und nicht verarbeiten und somit auf Dauer verhindern, unsere Gefühle wirklich zu leben.

Emotionen sind etwas völlig Anderes. Sie entstehen als Energie im Beckenraum und spiegeln unsere Lebensenergie wider. Sie sind dazu gedacht, uns am Leben zu erhalten, indem sie uns zur Flucht oder zum Kampf bewegen. Sie haben einen sofortigen Effekt auf unseren Körper. Emotionen können z. B. Angst, Panik und Wut sein. Unsere Sprache ist da sehr bildlich. Sie sagt: „Wut steigt auf.“ „Panik (oder Angst) macht sich breit.“ Das veranschaulicht sehr gut, wie sich diese Energie in unserem

Körper bewegt: Sie steigt von unserem Beckenraum auf bis zum Magen, wie eine Lokomotive. Dort kommt sie über die Nervenverbindungen (in der Bauchgegend befindet sich unser zweites Gehirn) mit unserem Gehirn in Verbindung. Die Emotionen sind dabei schneller als jeder Gedanke, den wir haben könnten, da sie für unser Überleben geschaffen wurden, und senden Signale an unsere Muskeln und Sinnesorgane.

Wenn wir wissen, wie wir funktionieren, können wir diese Emotionen konstruktiv verwenden, indem wir sie zur inneren Reinigung unserer Energien verwenden, aber ihnen nicht durch unsere geistigen Vorstellungen Brennstoff geben. Wir können sie mit einem Gewitter vergleichen, dass die Luft reinigt, ohne die Scheune in Brand zu setzen. Hier können wir also Eingriff nehmen.

Empfindungen, Gefühle und Emotionen wechseln konstant in uns. Eine der drei Ebenen ist immer im Vordergrund und wir müssen verstehen, sie zu unterscheiden. Weitere Ausführungen zu dem Thema kannst du bei WIE OBEN SO UNTEN[2] nachlesen.

Zurück zu unseren Gefühlen und Emotionen also. Sie zeigen uns, ob wir eher positive oder mehr negative Gedanken haben. Dementsprechend fühlen wir uns. Jedes Mal, wenn wir an etwas denken, uns an etwas erinnern oder etwas Neues kennenlernen, bedeutet das auch eine neue Antwort aus dem Bereich der Gefühle und Emotionen, die uns Aufschluss darüber gibt, welche Art von Gedanken wir haben. Die Frage ist daher: Wie fühlst du dich normalerweise?

Eine gute Übung ist aufzuschreiben, wie man sich fühlt. Dabei wird man gezwungen, seine Gefühle in Worte zu bringen. Das ist auf Anhieb oft gar nicht so einfach. Versuch es aber trotzdem mal. Frage dich: Wie fühle ich mich im Moment? Zufrieden, glücklich, zuversichtlich, dankbar, beunruhigt, traurig, ärgerlich, verloren, usw.? Daran kannst du erkennen, welche Art von Gedanken du hast.

Wir haben also sowohl negative wie auch positive Gedanken. Aber wenn du meist negative Gedanken hast, wirst du dich auch negativ fühlen, also vielleicht frustriert oder enttäuscht vom Leben sein. Wenn du meist positive Gedanken hast, dann fühlst du dich auch erheblich besser, also zufrieden und dankbar für das Leben, da du hast.

Der springende Punkt sind also unsere Gedanken und der Indikator die Gefühle. Unsere Gedanken können wir aber ändern. Sagen wir mal, das Geld, das du verdienst, reicht dir einfach nicht aus. Normalerweise wird dein inneres Selbstgespräch dann wahrscheinlich sein:

„Ich habe/verdiene nicht genug Geld."

Oder

„Das Geld reicht vorne und hinten nicht."

Oder vielleicht

„Es ist sehr schwer, genug Geld zu verdienen, um ein anständiges Leben zu führen."

Mit diesen Gedanken kommst du nicht weiter, sondern fühlst dich jedes Mal noch schlechter. Sie klingen nach einer aussichtslosen Situation.

Du willst dich aber besser fühlen, um positivere Situationen anzuziehen. Also musst du bewusst deine Gedanken ändern. Z. B. so:

"Ich kann ohne Probleme das Geld verdienen, das ich brauche."

Oder

„Es gibt immer Möglichkeiten, mehr Geld zu verdienen."

Denk an das Beispiel mit der visualisierten Zitrone!

Das sind positive Sätze und Gedanken. Wenn wir die öfter gebrauchen, ändern wir unsere Frequenz. Mehr zu diesem Thema im Kapitel über Affirmationen.

Das bedeutet aber natürlich nicht, dass sie eine Art Zauberstab sind, mit der plötzlich mehr Geld zu uns kommt (jedenfalls in den meisten Fällen nicht). Was bewirken sie also? Wir fühlen uns nicht mehr so verloren und hilflos wie bei den negativen Gedanken, die uns förmlich blockierten, sondern sehen plötzlich Licht am Ende des Tunnels, und damit öffnen wir uns für neue Möglichkeiten, die wir vorher gar nicht sehen konnten. Das heißt, wir haben plötzlich eine ganz andere Einstellung zu unseren Problemen. Das ist, wie das Gesetz der Anziehung funktioniert.

Am Anfang wird es wahrscheinlich nicht so einfach sein, seine Gedanken zu ändern. Das ist ein Lernprozess. Aber es ist sicherlich erleichternd zu erfahren, dass wir die Kontrolle darüber haben und etwas gegen negative Gedanken tun können. Und unser Leben wird sich damit langsam aber sich zum Positiven verändern. Plötzlich funktioniert alles viel besser.

Deine eigenen Energiefrequenzen – deine persönliche Schwingung

Nicht nur deine Gedanken, deine Perspektive und deine Gefühle beeinflussen und zeigen, was du anziehst, auch deine eigenen Schwingungen geben darüber eine Auskunft. Jeder hat seine eigene Frequenz und das ist normal so. Alles, was Energie ist, hat eine spezifische und eigene Frequenz. Und davon sind wir Menschen nicht ausgeschlossen.

Natürlich ist die Frequenz nicht in Stein gemeißelt. Sie verändert sich ständig über unseren Tag hinweg und unser Leben lang. So, wie unsere

Gefühle fließen, bewegt sich auch die Schwingung unserer Energie. Wenn ich morgens schon mit dem linken Bein aufstehe, wird meine Frequenz etwas niedriger sein. Und wenn mir dann auch noch ein paar Dinge passieren, die mir gar nicht gefallen, wird sie zeitweilig wahrscheinlich noch mehr sinken. Aber wenn dann nachmittags vielleicht ein langersehntes Ereignis eintritt, geht sie auch schlagartig wieder höher. Das sind normale Schwankungen, die wir alle durchmachen.

Aber normalerweise bewegen sie sich innerhalb eines gewissen Ranges, der für jeden einzelnen charakteristisch ist. Und dieser Rang spiegelt die Energiefrequenz jedes einzelnen wider.

Diese Energie projizieren wir in unsere Umwelt und das Universum und ziehen damit ähnliche Energiefrequenzen an. Und so entsteht unser Leben; das ist es, was wir anziehen. Bis hierhin klingt das nach einem Sachverhalt, auf den wir keinen Einfluss haben. Und leider leben die meisten Menschen auch so.

Wenn du etwas an deinem Leben ändern willst, musst du also deine eigene Frequenz ändern. Die gute Nachricht ist, dass das möglich ist, wie du sicher schon bis hierhin verstanden hast.

Wie aber geht das genau? Wie du schon in den Abschnitten vorher gelesen hast, können wir unsere Gedanken und unsere Perspektive selbst beeinflussen, und damit auch unsere Gefühle. Das ist etwas, das wir üben müssen, da wir es normalerweise nicht gewohnt sind.

Aber warum fühlen wir uns oft frustriert und unwohl? Wahrscheinlich deshalb, weil wir nicht das tun, was wir tun sollten. Jeder kommt mit bestimmten Fähigkeiten auf die Welt, aber auch mit einer klaren Mission für sein Leben. Oft lassen wir uns aber von der Außenwelt (d. h. unserer Familie, Freunden, Gesellschaft, Religion, etc.) vorgeben, wie wir unser Leben leben sollten. Wenn wir das akzeptieren und nicht mehr beachten, wer wir wirklich sind, ist Frust und Enttäuschung eine logische Folge.

Unser Energiepegel sinkt, und das können wir wörtlich und im übertragenen Sinne verstehen. Wenn wir uns frustriert und niedergeschlagen fühlen, schaffen wir längst nicht so viel, als wenn wir glücklich und zufrieden mit unserem Leben sind. Und natürlich sinkt dadurch auch unsere Energiefrequenz.

Wenn wir aber das tun und leben, wozu wir hier sind, haben wir eine ganz andere Ausstrahlung. Das ist ein gutes Wort, um unsere Energieschwingungen zu beschreiben. Diese Ausstrahlung zieht andere, gleich gerichtete Menschen wie ein Magnet an, aber auch Menschen, die gerne so wären, wie wir sind. Dies ist eine sehr kraftvolle Energie. Wonach klingt das? Nach Erfolg und viel Unterstützung, die dann wie von selbst kommen, nicht wahr? Visualisiere dich einmal mit dieser Energie, so wie beim Zitronenbeispiel!

Also, tue das, was dir guttut und wobei du in deinem Herzen fühlst, das es das Richtige ist. Wie bereits oben erklärt, entstehen die Gefühle im Herzen, die positiven und die negativen. Wir sollten uns gut fühlen. Das kannst du selber steuern!

Die Meditation und unsere Übungen im Teil II des Buches können dir dabei helfen, deine Mission in diesem Leben zu erkennen.

Das Gesetz der Anziehung wird schon seit Jahrhunderten beobachtet und für Heilungen verwendet. Im letzten und Anfang dieses Jahrhunderts wurde es aber genauer studiert. Dabei sind bekannte Autoren wie Napoleon Hill („Think and Grow Rich“)[3] und Louise Hay („You Can Heal Your Life“)[4] zu erwähnen und natürlich Rhonda Byrne mit dem Bestseller und Film „The Secret“[5].

Unterstützt wird dieses Gesetz durch Aktionen wie die Visualisierung und Affirmationen, um negative Denkmuster in positive umzuwandeln. Ein sehr wichtiger Punkt dieses Gesetzes ist, dass die positiven Gedanken von den entsprechenden assoziierten Gefühlen und Emotionen begleitet werden müssen. Sonst funktioniert es nicht. Dabei hilft uns die Visualisierung in dem Sinne, das Gefühl zu haben, dass das gewünschte Resultat bereits eingetreten ist. Denn sonst existiert in unserem Inneren ja ein Widerspruch. Wir müssen also wirklich **fühlen**, dass wir das Gewünschte schon erreicht haben. Und dazu werden Emotionen benötigt. Mit dem Verstand können wir nicht fühlen. Wenn wir unsere Visualisierung mit positiven Emotionen versehen, steigt das Verwirklichungspotenzial des Visualisierten enorm an. Das ist das eigentliche Geheimnis des Geheimnisses.

Wie funktioniert das Gesetz der Anziehung also konkret?

Wir haben gelernt, dass Gleiches Gleiches anzieht und alles auf der Art und Weise, wie wir denken, basiert. Wenn wir also ständig die gleichen negativen oder positiven Gedanken haben, die von den zugehörigen starken Emotionen begleitet werden, dann werden wir diese für uns und unser Gehirn gültige Realität anziehen.

Wir ziehen also das an, worauf wir uns konzentrieren. Um ein Beispiel zu nennen: Wenn wir uns auf fehlende Zeit und den Stress in unserem Leben konzentrieren, dann ziehen wir davon mehr an. Wenn wir uns aber darauf konzentrieren, dass wir mehr als genug Zeit haben, um alles zu erledigen, dann werden wir das in unserem Leben erfahren.

Einfach dargestellt ist das:

Gedanken

↓

Gefühle/Emotionen

↓

Aktionen

↓

Resultate

Das bedeutet: Wenn ich etwas ändern will, muss ich bei meinen Gedanken und Denkmustern anfangen, damit sie meine Frequenz erhöhen und mich nicht einschränken.

Du wirst fragen: „Wie mache ich das?“

Um das zu erreichen, gibt es die Affirmationen, kraftvolle Aussagen, mit denen wir unser inneres „Selbstgespräch“ in die richtigen Bahnen lenken und damit den Rest des Prozesses beeinflussen können.

Mehr dazu im nächsten Kapitel.

Affirmationen

Was sind Affirmationen

Affirmationen sind, wörtlich genommen, Bejahungen oder Bestätigungen, die unsere positive, geistige Einstellung unterstützen und fördern sollen. In anderen Worten ist eine Affirmation eine sorgfältig formulierte Aussage, die häufig wiederholt und mehrmals aufgeschrieben werden sollte. „Sorgfältig formuliert" bedeutet dabei, dass sie im Präsens sein sollte, positiv, persönlich und spezifisch. Im Präsens heißt, es ist kein Wunschdenken mehr, sondern wir geben unserem Gehirn zu verstehen, dass der Zustand bereits eingetreten ist. Positiv heißt, dass wir keine Verneinung wählen. Wir sagen unserem Gehirn also nicht, was wir nicht wollen, sondern das, was wir wollen. Wir wollen es für uns, also sollten wir keine neutrale Form wählen, sondern die Ich-Form. Und es sollte spezifisch sein, also: Was wollen wir? Wenn ich sage, ich möchte mehr verdienen, kann das schon mit einem Euro mehr, den ich verdiene, erfüllt sein, aber wahrscheinlich war das nicht der Sinn der Sache. Sag dem Universum also klar, was du möchtest. Wie viel möchtest du verdienen?

Dazu sei bemerkt: Denken ist gut, aussprechen besser und aufschreiben (d. h. von dir persönlich und per Hand geschrieben, also nicht im Computer) ist noch besser!

Wie funktionieren Affirmationen?

Die Affirmationen funktionieren natürlich auch besser, wenn wir sie in einem zufriedenen und glücklichen Geisteszustand aussprechen. Und wenn wir bereits etwas unternommen haben, das uns in die Richtung unseres Wunsches bringt, funktionieren sie noch besser. Wie eine innere Bestätigung sozusagen.

Ein Beispiel hierzu: Wenn also mein Wunsch ist, den nächsten Urlaub an einem schönen Strand in den Tropen zu verbringen, sollte ich die Affirmation so verfassen, dass dort der Zeitpunkt und der Ort erscheinen, vielleicht auch, mit wem ich reisen möchte. In der Ich-Form und in der Gegenwartsform, so als ob ich schon da wäre. Wenn ich mir dazu jetzt schon mal den passenden neuen Badeanzug kaufe (= innere Bestätigung) und ein Foto von genau dem Strand, wo ich hin möchte, an die Wand hänge, wo ich es täglich sehe, unterstützt das meine Absicht sicher noch mehr. Mehr hierzu in der Übung zum Vision Board in Teil II des Buches.

Affirmationen und Visualisierung

Und nun kann man diese Affirmation durch Visualisierung noch fühlbarer machen und sie laut mehrmals am Tag sagen bzw. niederschrieben. Der Witz ist, dass sie Teil von uns wird.

Warum?

Wir sind normalerweise unser schlimmster Kritiker. Niemand ist so hart mit der Kritik, wie wir selbst mit unserer Eigenkritik. Und das ist es, was wir uns ständig vorsagen, bewusst oder unbewusst. Einige Beispiele:

„Ich bin so ungeschickt."

„Ich bin so vergesslich."

„Ich nehme sowieso nicht ab, egal was ich mache."

„Ich ein lausiger Sprecher."

Wenn ich diese oder andere Aussagen am laufenden Band sage, wird dies auf Dauer in mein Unterbewusstsein eingehen und sich festsetzen. Und dann sagen wir sie weiter, ohne uns dessen überhaupt noch bewusst zu werden.

Und was passiert dann? Wir bestätigen uns selbst, dass das, was wir von uns behaupten, richtig ist. Zum Beispiel, dass wir so vergesslich sind. Und das vielleicht nur, weil wir irgendwann mal in der Hektik die Schlüssel vergessen haben. Den meisten Menschen passiert das irgendwann einmal, aber wenn wir akzeptieren, dass das eine Ausnahmesituation war, passiert nichts weiter. Wenn das "Vergesslichsein" also nicht einmal Bestandteil unserer Gedanken ist, werden wir auch sehr selten etwas vergessen.

Andererseits, wenn wir uns ununterbrochen vorsagen, dass wir ein schlechter Sprecher sind, weil wir vielleicht das erste Mal, als wir vor einer größeren Menschenmenge gestanden haben, nervös wurden, dann werden wir es wahrscheinlich gar nicht mehr weiterhin versuchen. Warum auch? Wir wissen ja schon, dass wir ein miserabler Sprecher sind, nicht wahr? Und wenn wir es doch noch mal versuchen, wird es mit diesem geistigen „Training“ mit ziemlicher Sicherheit wieder nicht so gut werden. Und das bestätigt genau das, was ich mir immer vorsage. Wir haben also unsere Realität selbst erschaffen.

Das ist also ein Teufelskreis, aus dem wir heraus müssen.

Ich sollte mir also genau das Gegenteil von dem vorsagen, was ich nicht haben möchte. Also zum Beispiel:

„Es ist einfach, ein paar Kilo abzunehmen.“ - Es muss ja nicht gleich das ganze Übergewicht auf einmal sein!

Oder ich achte in Zukunft darauf, was ich über mich sage und stoppe das gleich von Anfang an, da ich mir Fehler auch verzeihen kann.

Im Falle des Redners sollte ich akzeptieren, dass fast jeder, der das erste Mal vor einem größeren Publikum steht, aufgeregt ist und die

Schmetterlinge in seinem Bauch tanzen. Das ist ganz normal. Mit der Zeit vergeht das, wenn er trotzdem weitermacht, und er wird jedes Mal besser.

Was kann ich mit Affirmationen erreichen?

Und für diese **positiven** geistigen „Selbstgespräche" sind eben die Affirmationen gemacht. Ebenso wie die negativen Aussagen werden auch die positiven Aussagen auf Dauer Teil unseres Unterbewusstseins und haben damit eine bekräftigende und positive Wirkung für unsere Frequenz und unsere Fähigkeit, andere konstruktivere Realitäten anzuziehen. Denk daran, dass unser Gehirn einfach das verarbeitet, mit dem es gefüttert wird.

Wahrscheinlich liest du dieses Buch, weil du nicht mehr so recht weiter wusstest, weil du mit deiner Weisheit am Ende warst und dringend etwas Neues ausprobieren wolltest, da alles für dich Bekannte und Gehabte nicht mehr funktionierte.

Also, gib der Idee der Affirmationen eine Chance. Sie funktionieren, wenn du es richtig machst. Wahrscheinlich wirst du dich am Anfang sogar recht lächerlich fühlen, wenn du etwas immer wieder sagst, was du eigentlich gar nicht bist. Richtig! Das bist du **noch** nicht, aber du willst es werden. Also, mach weiter. Dein Gehirn wird dir sagen: „Was für ein Quatsch! Das stimmt ja gar nicht! Vergiss das!" Du wirst Lust haben, das alles aufzugeben. Und du wirst dich am Anfang also damit sehr unwohl fühlen.

Unser Körper und damit auch unser Gehirn, und speziell unser Unterbewusstsein, sind eine Überlebensmaschine, die immer den bekannten Weg wählen werden. Den kennt es schon. So funktionieren wir einfach. Darum müssen wir das Unterbewusstsein überrumpeln. Es wird dir sagen, dass du bisher mit deiner Art und Weise zu denken doch gut überlebt hast, warum also etwas Neues machen? Das ist absolut normal. Noch einmal: Mach weiter! Du willst nicht so weiterleben wie bisher. Also mach weiter. Egal, welche komischen und unangenehmen Gefühle du dabei hast. Auf die gleiche Art und Weise hast du ja auch die negativen Gedanken bei dir eingepflanzt. Nur warst du dir dabei seinerzeit noch nicht bewusst, wie wir funktionieren. Jetzt weißt du es und kannst Einfluss nehmen.

Nimm dir also ein bisschen Zeit täglich und sage oder schreibe deine Affirmationen, jeden Tag mit etwas mehr Überzeugung und Glauben in sie. Weiter unten, im zweiten Teil des Buches, bekommst du einige Beispiele bzw. Vorschläge für positive Affirmationen für verschiedene Bereiche deines Lebens.

Beweise aus der Wissenschaft

Für viele Dinge, die wir hier darlegen, gibt es noch keine wissenschaftlichen Nachweise im üblichen Sinne, sondern eher Beobachtungen, die jeder für sich selbst und bei anderen anstellen kann. Das heißt aber nicht, dass die Aussagen falsch sind. Vieles, was in unserer Welt gültig und wahr ist, hat die Wissenschaft leider noch nicht belegen können. Das sollte uns aber nicht davon abhalten, es in diesem Falle doch anzuwenden und auszuprobieren.

Ein klares Beispiel hierfür sind die Placebos in der Medizin, die funktionieren, wenn wir daran glauben. Diese Tatsache kennt die Medizinwelt nun schon seit Langem. Der Placebo-Effekt ist seit dem 18. Jahrhundert bekannt. Seit dem Zweiten Weltkrieg wurde er auch wissenschaftlich untersucht.

Welche Macht die Gedanken haben, zeigt bei den Placebos, dass der Behandlungserfolg von der inneren Einstellung abhängt. Unser Gehirn reagiert und der Erwartungseffekt stellt sich ein. Bekannt ist allerdings auch, dass Angstgefühle nicht unbedingt den Placebo-Effekt unterstützen.

Auf der anderen Seite existiert der Nocebo-Effekt, also genau das Gegenteil, der verdeutlicht, welche Auswirkungen negative Gedanken haben. Dieser Effekt wurde von der Wissenschaft noch nicht so stark erforscht wie der Placebo-Effekt.

Aber er tritt in allen möglichen Lebensbereichen ein: in der Arbeit und in der Schule, beim Partner, in der Gesundheit (besonders bei Schmerzen und Depressionen). Stellen wir uns nur einmal vor, dass wir von irgendjemand auf dem Flur gehört haben, dass der neue Chef ganz schön viel fordert und nur wenig Toleranz zeigt. Wahrscheinlich werden wir schon im Voraus versuchen, ihm so weit wie möglich aus dem Weg zu gehen, und gleich ein entsprechendes Verhaltensmuster an den Tag legen, ohne den neuen Chef überhaupt zu kennen. Aber vielleicht war er ja der nette Mensch, der den Aufzug für uns festgehalten hat, und der Kollege, der schlecht über ihn geredet hat, ein absoluter Faulpelz.

Wir erwarten etwas Negatives, das uns verunsichert, und wir senden negative Signale aus. Diese negativen Gedanken können zu innerem Stress führen, der sich psychosomatisch niederschlägt, aber auch zu einer negativen Haltung wie konstanter Kritik, Ärger-Gefühlen, etc., die uns auf Dauer psychologisch krank machen.

Zusammengefasst machen negative Gedanken krank und positive Gedanken wirken heilend.

Um aus dem negativen Gedankenkreis herauszukommen, müssen wir unseren Körper und Geist manchmal überraschen oder sozusagen überrumpeln.

Ein anderes Beispiel für die Richtigkeit der Visualisierung ist etwas, das lange Zeit unbekannt war. Wenn ein Patient im OP unter Narkose steht oder unbewusst ist, dachten die Ärzte früher, dass er sowieso nichts davon mitbekommt, was sie reden. Sie haben also im besten Falle über völlig andere Themen geredet oder sonst aber über den Patienten und seinen Gesundheitszustand selbst. Heute weiß man, dass die Patienten sehr wohl mitbekommen, was geredet wird. Wenn die Ärzte den Gesundheitszustand des Patienten für kritisch oder sehr schwerwiegend ansehen und dies auch sagen, ist es viel wahrscheinlicher, dass der Patient nicht überlebt. Wenn andererseits die Ärzte positive Aussagen über die Gesundheit des Patienten machen, ist das Gegenteil der Fall, unabhängig davon, wie schwer krank die Person wirklich ist! Aber auch Aussagen, die mit der Gesundheit des Patienten nichts zu tun haben, werden von diesem in solch einer Stresssituation als auf ihn bezogen interpretiert und entsprechend von seinem Gehirn verarbeitet und ausgewertet. Der Patient reagiert also auf das, was er hört und dementsprechend für sich visualisiert.

Teil II

Praktische Übungen

Bevor wir in die Details gehen, hier noch einige Anmerkungen.

Die Vergangenheit können wir nicht ändern. Aber wir haben die Möglichkeit, die Emotionen und Gedanken, die mit ihr verbunden sind, zu modifizieren. Die Zukunft ist das Resultat von dem, was wir heute, also in der Gegenwart, tun, entscheiden und denken. Weder die Vergangenheit noch die Zukunft existieren in Wirklichkeit. Wir leben in der Gegenwart, über sie haben wir Macht. Nur die Gegenwart ist reell als das Hier und Jetzt, aber sie ist nicht greifbar. Sie ist genau der Augenblick zwischen dem Vergangenen und dem Zukünftigen, der sich aber konstant bewegt. In diesem Augenblick können wir jeden Moment neu entscheiden, was wir aus unserem Leben machen wollen. Wenn dir dein Leben nicht gefällt, ist immer „jetzt" genau der richtige Moment, um es zu ändern. Wenn du dein Leben genießen willst, dann tue es jetzt, nicht später.

Schließ Frieden mit deiner Vergangenheit und schaffe dir so eine bessere Zukunft. Fehler machen wir alle, aber wir sollten nicht an ihnen festhalten. Sie sind auch ein notwendiger Bestandteil des Lebens eines Jeden, um zu lernen.

Wir wiederholen nochmals: Die Gedanken, die wir haben, ziehen die Resultate an, die wir erhalten. Wenn wir feststellen, dass wir negative Gedanken haben, die uns zurückhalten, sollten wir denen auf den Grund gehen und sie dann liebevoll entlassen. Wir brauchen sie nicht mehr. Versuche, konstruktivere Gedankenmuster zu erstellen, die deine Eindrücke, Wahrnehmungen, Urteile, Überzeugungen und Entscheidungen beeinflussen. So erhältst du ein positiveres Feedback für dein Leben. Mehr dazu in den zusätzlichen Übungen.

Dein Arbeitsbuch für die nächsten drei Wochen

Du hast dieses Buch wahrscheinlich gekauft, weil du ...

... mit deinem Leben, so wie es ist, nicht zufrieden bist.

... der sicheren Überzeugung bist, dass du etwas ändern kannst.

... weißt, dass du besser leben kannst als bisher und es auch willst, ...

... aber nicht genau weißt, wie du es anstellen sollst.

Denn auf der einen Seite sagt eine Stimme in deinem Kopf, dass du etwas Besseres verdienst und haben kannst, aber andererseits ist existiert auch eine Stimme im Hintergrund, die dir immer wieder erzählt, dass das alles gar nicht stimmt, dass das nicht für dich ist, dass du es bestimmt nicht schaffen wirst und dass das Leben doch viel bequemer ist, so wie es jetzt schon ist.

Diese zweite Stimme kommt von unserem Unterbewusstsein, das falsch programmiert wurde und uns „nur helfen möchte, keine falschen Erwartungen zu haben und enttäuscht zu werden". Die Überlebensfunktion unseres Gehirns also. Aber das ist nicht unser höheres Selbst.

Wir sind alle das Resultat unserer Umgebung und unserer Erfahrungen, und die sind natürlich nicht alle zu 100 % positiv.

Möglicherweise kommst du aus einer Familie, wo es nicht immer leicht war, genug Geld zu verdienen. Und wo Aussagen wie „Man kann ja nicht alles haben im Leben" - „Geld macht nicht glücklich" oder „Ich bin doch nicht Rockefeller" üblich waren. Und diese Aussagen sind ein fester Bestandteil unseres Unterbewusstseins geworden. Wir erwarten gar nichts anderes mehr. Dinge wie Geld und Reichtum sind für andere Menschen, aber nicht für uns. So wurde unser Gehirn von klein auf programmiert. Und wir merken es nicht einmal mehr! Aber trotzdem arbeitet unser Gehirn konstant daran, uns zu beweisen, dass diese Aussagen richtig sind.

Aber diese Programmierung beruht nicht auf einer Realität!

Und gerade deshalb können wir sie ändern! Das ist die gute Nachricht.

Wie gut also, dass du dieses Buch gekauft hast. Es ist dein erster Schritt zu einem neuen Leben.

Einige Worte, bevor wir beginnen

Bevor du mit dem Arbeitsbuch beginnst, solltest wissen, was dich erwarten kann.

- Die Menschen um dich herum – deine Familie, Freunde, Arbeitskollegen – werden möglicherweise sagen, dass du verrückt bist, dass das alles New Age Quatsch ist und nicht funktioniert. Kümmere dich nicht darum. Das ist ihre Angst vor etwas Neuem. Jeder hat das Recht, für sich selbst zu entscheiden, aber nicht für andere. Und jeder hat seine eigenen Zeiten, die wir respektieren sollten. Wir haben dir oben schon gezeigt, wo diese Methoden mit Erfolg angewandt werden.

- Du wirst wahrscheinlich manchmal, während du die Visualisierungen, Affirmationen usw. machst, an dir selbst zweifeln, ob du das Richtige tust. Mach weiter! "Wer immer nur das tut, was er schon kann, bleibt immer nur das, was er schon ist." (Henry Ford). Oder wie Einstein so treffend sagte: „Verrückt ist der, der immer die gleichen Dinge tut, aber andere Ergebnisse erwartet." Die anderen Resultate sind nicht unbedingt sofort zu verzeichnen, aber sie kommen, wenn du weitermachst.

- Nicht jede Übung wird am Anfang einfach sein. Wir müssen unser Gehirn und unser Unterbewusstsein etwas überrumpeln, um Resultate zu erzielen, denn sonst werden sie nicht mehr mitspielen wollen. Und dabei werden wir uns manchmal etwas unwohl fühlen. Aber das macht nichts. Gerade das zeigt uns, dass wir auf dem richtigen Wege sind.

So, aber jetzt genug Vorgeplänkel.

Bist du fertig?

Dann lass uns loslegen!

Wie dieses Arbeitsbuch funktioniert

In diesem Arbeitsbuch lernst du den praktischen Teil der Visualisierung, des Gesetzes der Anziehung und der Affirmationen kennen und noch einige Dinge mehr.

Du wirst über drei Wochen verschiedene, praktische Übungen durchführen.

Dazu gibt es Übungen, die du jeden Tag machst, und je eine wöchentliche Übung, jede Woche eine andere.

Du hast also eine Aufgabe pro Woche und außerdem fünf Übungen pro Tag, jeden Tag.

Es ist wichtig, dass du sie auch wirklich machst. Sie nehmen nicht sehr viel Zeit in Anspruch und sind nicht schwer. Denn wenn du sie nicht machst, wirst du auch keine Änderungen sehen.

Wir geben dir auch ein Logbuch für die drei Wochen zur Hand, damit du den roten Faden nicht verlierst, die gemachten Aufgaben abhaken und deine Gedanken festhalten kannst.

Näheres zu den einzelnen Übungen gibt es in den nächsten Kapiteln.

Tägliche Übungen

Die täglichen Übungen machst du bitte, so wie es der Name schon sagt, täglich. Du wirst sehen, dass du dafür nicht zu viel Zeit gebrauchst. Du kannst dir die Zeit selber aussuchen und einteilen, wann du sie machen willst, außer für die Affirmationen. Wir schlagen allerdings vor, dass du die Übung 2 (Meditation) und Übung 3 (Visualisierung) hintereinander machst, da so dein Gehirn schon durch die Meditation auf der richtigen Spur für die Visualisierung ist.

Die Affirmationen haben eine feste Zeit, wann sie gemacht werden sollten, und zwar mindestens zweimal am Tag. Wir gehen hierauf weiter unten im entsprechenden Abschnitt noch im Detail ein.

Die anderen Übungen kannst du im Prinzip jederzeit machen. Achte aber ein bisschen auf die Anmerkungen zu jeder der Übungen.

Wichtig ist die Wiederholung der Übungen wirklich TÄGLICH, denn wir wollen ja andere, neue und positivere Gedanken in unserem Gehirn einpflanzen.

Tägliche Übung Nr. 1: Affirmationen

Positive Affirmationen helfen uns, unser negatives geistiges Selbstgespräch zu neutralisieren und negative Gedanken durch positive zu ersetzen, die uns mehr Kraft geben, um neue Möglichkeiten und Gelegenheiten statt der Probleme zu sehen und zu akzeptieren.

Denk daran, dass unser Gehirn bzw. Unterbewusstsein zuerst grundsätzlich gegen etwas Neues und Unbekanntes arbeiten werden. Aber wenn wir lange genug weitermachen, wird es diese neuen Aussagen als gültig akzeptieren. Oder soll ich es anders sagen? Unser Gehirn akzeptiert alles als richtig, wenn wir es ihm nur oft genug vorsagen.

Wir müssen daher mindestens drei Wochen lang mit denselben Affirmationen arbeiten. Suche dir also einen Bereich deines Lebens aus, für den du zuerst etwas erreichen willst. Nach den drei Wochen kannst du dann den Prozess nochmals für ein anderes Thema machen. Das ist kein Problem.

Unten geben wir dir mögliche Beispiele für Affirmationen zu den verschiedenen Bereichen deines Lebens. Suche dir die passenden aus oder schreibe deine eigenen. Diese Affirmationen werden über die nächsten drei Wochen immer dieselben bleiben.

Wenn du ganz konkrete Ziele hast, mach deine Affirmationen einfach konkreter, so konkret wie möglich und genau so wie du sie gebrauchst.

Diese Affirmationen solltest du mindestens zweimal am Tag machen: Das erste Mal, wenn du aufstehst, und das letzte Mal, bevor du schlafen gehst. Es tut aber keinen Schaden, wenn du sie öfter einmal zwischendurch sagst.

Schreibe dir dazu die Affirmationen auf ein Stück Papier, das du immer zur Hand hast.

Wie schnell du Erfolg mit deinen Affirmationen hast, hängt von verschiedenen Faktoren ab, wie der Energie, der Konzentration, deinem Glauben an sie und der Zeit, die du in sie investierst. Aber es wird wahrscheinlich auch einfacher und schneller sein, am Anfang kleinere Ziele zu erreichen als sehr große, deren Ergebnis dich dann motivieren wird. Normalerweise brauchen wir also etwas Zeit, bis sich die gewünschten Resultate einstellen.

Beispiele für Affirmationen

Affirmationen für deine Gesundheit

- Ich fühle mich voller Energie und Leben.
- Ich fühle mich gut, wenn ich mich um mich selbst kümmere.
- Ich bin gesund.
- Jede Zelle meines Körpers funktioniert perfekt.

Affirmationen für Gewichtsverlust

- Ich habe mein Idealgewicht.
- Ich bewege mich gerne.
- Ich ernähre mich gesund.
- Ich vertraue voll auf meinen Körper und seine eigene Weisheit.

Affirmationen für Selbstvertrauen

- Heute vertraue ich voll und ganz meiner inneren Führung.
- Ich weiß, dass ich alles meistern kann, wenn ich es nur oft genug tue.
- Ich akzeptiere meine Fehler, um erfolgreich zu sein.
- Ich genieße den Weg, egal welches das Ergebnis ist.

Affirmationen für Lebenszweck

- Meine Grenze ist nur meine Vision von dem, was möglich ist.

- Ich muss nicht die ganze Reise kennen, um einen Schritt zu tun.
- Je besser ich mich kenne, desto klarer wird mein Ziel.
- Ich erfülle meinen Lebenszweck, indem ich genau hier anfange, gerade jetzt.

Affirmationen für neue Möglichkeiten

- Gelegenheiten gibt es überall, wenn ich mich entscheide, sie zu sehen.
- Ich erweitere mein Bewusstsein für das verborgene Potential in jeder Erfahrung.
- Eine Gelegenheit ist nur eine Möglichkeit, bis ich entsprechend handele.
- Meine Intuition führt mich zu den lukrativsten Möglichkeiten.

Affirmationen für inneren Frieden

- Ich vertraue darauf, dass das Universum für mich in jeder Situation weiß, was das Beste ist.
- Wo der Frieden zu Hause ist, hat die Angst keinen Platz.
- Alles ist gut so wie es ist, genau hier, gerade jetzt.
- Der Frieden kommt, wenn ich loslasse und nicht mehr versuche, alles zu kontrollieren.

Affirmationen für innere Klarheit

- Meine innere Stimme führt mich in jedem Moment.
- Wenn ich weiß, wohin ich gehe, ist es ein Kinderspiel, dahin zu kommen!
- Harmonie ist immer ein Zeichen, dass ich innerlich ausgeglichen bin.
- Danke, dass du mir den Weg zu meinen Träumen zeigst.

Affirmationen für Wohlstand und Fülle

- Ich habe immer mehr von allem als ich benötige.
- Danke, danke, danke, danke!
- Ich verdiene all die guten Dinge in meinem Leben.
- Je mehr ich anderen helfe, um so mehr wächst mein Reichtum.

Affirmationen für Liebe und Beziehung

- Ich bin dankbar für die Menschen in meinem Leben.
- Ich verdiene eine liebevolle, gesunde Beziehung.
- Ich genieße es, anderen Liebe zu zeigen.
- Ich liebe mein Leben.

Tägliche Übung Nr. 2: Meditation

Wir beginnen unsere täglichen Übungen mit der Meditation. Dies wird keine lange Meditation sein, zehn bis 15 Minuten am Tag reichen aus. Wer aber mehr machen will, kann das gerne tun. Schaden wird das Meditieren nie, im Gegenteil.

Warum beginnen wir mit der Meditation?

Meditieren hilft, in unserer hektischen Welt zur Ruhe zu kommen. Es ist wie eine Oase in der Wüste. Dadurch lassen wir den Stress los und kommen in Kontakt mit unserem Inneren. Dies ist notwendig, um Blockaden zu lösen, die aufkommen, wenn wir zu viel Stress haben, und die uns nicht mehr sehen lassen, wohin wir wollen. Stress und Müdigkeit führen uns dazu, frustriert, ungeduldig und unglücklich zu sein und sogar krank zu werden.

Auch wenn wir oft meinen, keine Zeit zu haben, um zu meditieren, werden wir schon bald merken, dass das Meditieren uns mehr Zeit gibt, eben weil es unseren Geist vom Stress befreit und uns so neue Wege aufzeigt. Und das braucht keine komplizierte Meditationsübung zu sein.

Die Meditation hat erwiesen, uns zu helfen, in unserer Gedankenwelt aufzuräumen. Indem wir das ständige Gerede unseres Gehirns zeitweilig ausschalten, bekommen wir Klarheit und Ruhe.

Gehirnwellen

Die Schwingungen unseres Gehirns können wir mit dem EEG messen, und sie variieren gem. der Aktivität unseres Gehirns.[6] Hier eine kurze Beschreibung der Phasen:

Zustand	Gehirnwellen	Schwingung	kurze Beschreibung
Wachphase	Gamma	30 - 70 Hz	Diese Schwingung kann nur über kurze Zeit im bewussten

			Zustand aufrechterhalten werden, da sie sehr viel Energie verbraucht, z. B. bei starker Konzentration („Uns geht ein Licht auf."). Aber auch Mönche, die schon lange meditieren, befinden sich in diesem Zustand. Das linke und das rechte Gehirn synchronisieren sich.
	Beta	13 - 30 Hz	Dies ist unser normaler Wachzustand, wenn wir aufmerksam sind und uns konzentrieren.
	Alpha	8 – 13 Hz	Die Phase zwischen Wachsein und Schlafen und in der wir sehr entspannt und kreativ sind und loslassen können.
Schlafphase	Theta	4 – 8 Hz	Phase des leichten Schlafes, Trance.
	Delta	0.1 – 4 Hz	Zeit des Tiefschlafes, jenseits der Schmerzgrenze, Tiefenmeditation.

Die meisten Menschen, die meditieren, befinden sich normalerweise während der Zeit des Meditierens in der Alpha-Phase, haben also damit

Zugang zu Information, die außerhalb unserer Logik liegt. (Bei längerer Meditationserfahrung gehen wir erst in die Delta-Phase und später dann in die Gamma-Phase.) Die Meditation kann uns so also auch helfen zu verstehen, was in uns vorgeht.

Wenn du bisher noch nicht meditiert hast, kann es vielleicht einige Tage dauern, bis du dich an diese Praxis gewöhnt hast. Es ist am Anfang für die meisten Menschen nicht so leicht, völlig abzuschalten. Aber es wird mit der Zeit immer einfacher. Unten gibt es eine einfache Übung, die dir dabei hilft.

Wie meditiere ich?

Suche dir einen ruhigen Ort, wo du nicht abgelenkt wirst. Das ist vor allem am Anfang wichtig. Du kannst Räucherstäbchen, eine Kerze und entspannende Musik zur Unterstützung deiner Meditation verwenden. Es ist aber nicht unbedingt notwendig.

Setze dich mit geradem Rücken hin. Das kann auf einem Kissen, auf dem Sofa, auf einem Stuhl oder einer Meditationsbank sein. Es ist erheblich einfacher, sitzend zu meditieren als liegend! Beim Liegen schlafen wir oft ein.

Du kannst dich im Lotussitz hinsetzen oder wie es für dich bequem ist. Die Hände sollten mit den Handflächen nach unten auf deinen Schenkeln ruhen, oder mit den Handflächen nach oben im Schoß, die rechte Hand in der linken. Die Zungenspitze sollte den Gaumen oben hinter den vorderen Zähnen berühren. Wenn du einmal deine Sitzhaltung eingenommen hast, solltest du dich nicht mehr bewegen.

Nun schließe sanft deine Augen.

In dieser Position werden wir mit der Atemmeditation beginnen.

Wenn wir uns ruhig hinsetzen, kommen normalerweise jede Menge störende Gedanken auf, die uns davon abhalten, gut zu meditieren. Man hat fast das Gefühl, dass durch die Meditation unsere Gedanken noch zunehmen. Hier werden wir uns erst bewusst, wie viele Gedanken konstant durch unseren Kopf gehen, wenn wir einmal darauf achten. Die Versuchung ist groß, darauf einzugehen.

Wenn wir aber einen guten Meditationserfolg haben wollen, müssen wir diese ausschalten. Dazu nehmen wir sie zuerst sanft wahr, richten dann aber unsere Aufmerksamkeit auf unseren Atem, während wir normal durch die Nase ein- und ausatmen. Wir begleiten mit unseren Gedanken die Luft unseres Atems, wie sie durch die Nasenflügel hereinkommt, und auf ihrem Weg bis zur Lunge. Dann begleiten wir sie wieder, wenn sie wieder die Lunge verlässt und durch die Nasenflügel ausgeatmet wird. Wir können uns dabei vorstellen, dass wir Stress und unangenehme Gedanken als graues Licht ausatmen und wohltuende Energie als weißes Licht einatmen, das in alle unsere Zellen eingeht.

Auf diese Art und Weise wird unser Atem ruhiger und regelmäßiger und unsere unruhigen Gedanken verschwinden zeitweilig, da wir nicht auf zwei Dinge gleichzeitig achten können. Falls wir doch einmal abschweifen, lassen wir den Gedanken gehen und konzentrieren uns wieder auf unsere Atmung.

Wenn wir uns vor der Meditation eine Frage gestellt haben, auf die wir eine Antwort suchen, kann es gut sein, dass wir in diesem Stadium plötzlich die Antwort darauf sehen, die normalerweise immer in unserem Inneren ist.

Schreib in deinem Arbeitsbuch auf, welche Erfahrungen du mit der Meditation hattest und welche Antworten du gefunden hast. Versuch aber nicht, etwas zu erzwingen. Das funktioniert nicht.

Dieses ist eine einfache Meditationstechnik, die jeder selber für sich zu Hause und ohne Lehrer erlernen kann. Du wirst sehen, dass du dich nachher erfrischter und ausgeruhter fühlen wirst. Und du wirst verstehen, dass der Großteil des Stresses und der Anspannung, die du in deinem täglichen Leben spürst, von unserem Verstand produziert wird und nicht von außen kommt. Durch die Meditation erlebst du eine wohltuende Ruhe, und viele Probleme lösen sich von selbst. Andere Situationen unseres Lebens werden einfacher und unsere Gesundheit besser.

Diese innere Ruhe ist eine gute Grundlage für deine Visualisierung im nächsten Schritt.

Tägliche Übung Nr. 3: Visualisierung

Der Glaube kann Berge versetzen.

Wir haben im Deutschen ein Sprichwort, das heißt: „Der Glaube kann Berge versetzen.“ Gemäß neueren Studien funktioniert das wirklich.

Normalerweise ist es so, dass wir erst die Beweise sehen wollen, um dann zu glauben, dass etwas stimmt, so wie der ungläubige Thomas aus der Bibel, der an der Auferstehung zweifelte und erst die Wunden sehen musste, um überzeugt zu sein.

Aber bei der Visualisierung funktioniert es genau anders herum. Wenn wir unser Traumleben manifestieren und erschaffen wollen, müssen wir eine völlig andere Denkweise anwenden. Das kostet uns am Anfang ein bisschen Überwindung und Unwohlsein.

Wie wir bereits weiter oben gelernt haben, verwirklichen sich Gedanken, wenn wir an sie glauben, d. h., wenn wir sie **im Voraus** als wahr akzeptieren und diesen Glauben mit Energie verstärken.

Darauf bezieht sich das Sprichwort. **Wir glauben nicht, weil wir etwas sehen, sondern wir sehen etwas, weil wir daran glauben.**

Um das zu erreichen, verwenden wir die Visualisierung, über die wir bereits vorher gesprochen haben. So wie die Affirmationen, über die wir in der Übung 1 und weiter oben bereits geschrieben haben, wirkt die Visualisierung ebenfalls, um unsere Gedanken und unsere Gefühle, also unser Bewusstsein und unser Unterbewusstsein zu verändern. Wir haben es in der Hand, dies zu steuern, indem wir positive Dinge visualisieren.

Wie können wir das konkret erreichen?

Wenn wir etwas immer wieder visualisieren, akzeptiert unser Gehirn dies als ein gewohntes Bild und schafft die zugehörigen Verbindungen, die dazu dienen, das Bild in unserem Gedächtnis als bekannt zu erkennen.

Damit wird es Teil unserer Frequenz und unseres Unterbewusstseins, und der Rest unseres Körpers und Verstandes arbeitet darauf hin. Wir haben also unser Unterbewusstsein, unsere Gedanken und unsere Schwingung verändert. Unser Gehirn hat es als wahr akzeptiert und ist bereit, alles zu tun, um es zu verwirklichen.

Wo ein Wille ist, ist auch ein Weg.

Das ist ein anderes Sprichwort, dass diesen Sachverhalt erklärt. Wenn wir etwas in unserer Vergangenheit graben, können wir bestimmt alle bestätigen, dass solche Erfahrungen existieren, auch wenn wir sie zu der Zeit nicht als solche wahrgenommen haben. Sicher haben wir uns irgendwann einmal eine gewisse Sache „in den Kopf" gesetzt, all unserer Energie darauf verwendet und sie auch erreicht, so unmöglich wie sie auch am Anfang erschien. Wir müssen nur fest daran glauben und ständig daran arbeiten. Und, wie gesagt, unsere Gedanken, Vorstellungen und geistigen Wiederholungen funktionieren auch unbewusst.

Auf dieser Erkenntnis basiert dieses Arbeitsbuch. Wenn man etwas wirklich will, dann gibt es auch eine Lösung und man erreicht sein Ziel. (Mehr dazu im Arbeitsbuch.)

In anderen Worten, wir müssen uns selbst vertrauen, den festen Glauben haben, das wir alles erreichen können, was wir in unserem Leben haben wollen, und daran arbeiten, dann tritt es auch ein.

Durch diese Einstellung wird Energie in unserem Unterbewusstsein freigesetzt, die ein entsprechendes Panorama in unserer Außenwelt sucht. Und dadurch wird auch unsere eigene Energiefrequenz erhöht.

Wie schon oben beschrieben, wird dieses Prinzip bereits mit viel Erfolg im Spitzensport und in der Medizin angewandt, um zu den gewünschten Resultaten zu kommen.

Aber wir können es für alle Bereiche unseres Lebens verwenden. Es sind uns keine Grenzen gesetzt.

Einige Vorabbemerkungen zur Visualisierung

Ein guter Zeitpunkt für die tägliche Visualisierung ist der Zeitpunkt vor dem Einschlafen, wenn sich unser Gehirn schon in einem entspannten Zustand befindet, dem Alpha-Zustand, worüber wir schon im letzten Kapitel ausführlicher gesprochen haben.

In diesem Zustand können wir viel erreichen.

Aber auch zu anderen Tageszeiten ist es für eine effektive und kreative Visualisierung wichtig, dass wir fähig sind, uns

1. zu konzentrieren, um unsere Aufmerksamkeit gezielt auf das zu richten, was wir wollen. Wenn unsere Gedanken immer wieder abschweifen, werden wir nicht die besten Resultate erhalten.
2. zu entspannen, also für eine Zeit vom Rest unseres meist sehr hektischen Tages abzuschalten. Das erreichen wir durch verschiedene Entspannungsübungen und Meditationstechniken, Musiktherapie und viele andere mehr.

Damit die Visualisierung nun gute Ergebnisse bringt, gibt es zwei Möglichkeiten:

1. geführte Visualisierung, d. h. eine andere Person führt uns bei diesem Prozess, indem sie uns mit sanften Worten während des Visualisierungsprozesses führt und begleitet und darauf achtet, dass wir nicht vom Weg abkommen. Dieses kann auch über auditive Hilfsmittel stattfinden. Oft wird diese Methode in der Psychotherapie verwendet. Mit ihr werden sehr gute Resultate erzielt.[1]
2. Visualisierung in eigener Regie. In anderen Worten, wir führen uns selber. Auch das funktioniert gut, wenn wir gewohnt sind,

kleine Auszeiten in unseren Alltag einzugliedern und uns auf unser geistiges Ziel zu konzentrieren.

Wie mache ich eine Visualisierungsübung?

Um diese Übung so einfach wie möglich und leicht nachvollziehbar zu machen, haben wir sie in einzelne Schritte aufgeteilt.

Suche dir ein geistiges Bild für dein neues Leben aus, das zu dem Thema deiner Affirmationen passt. Dann mache die einzelnen Schritte hierfür der Reihe nach.

Schritt 1 – Das Bild erstellen

Visualisieren bedeutet, ein Bild zu erstellen. Wenn wir etwas Neues oder Anderes erreichen wollen, müssen wir zunächst einmal definieren, was das ist. Wie bereits oben gesagt, sollte dies ein positives Bild sein. Wir erschaffen also ein klares, inneres, d. h. gedankliches Bild, das in Einklang ist mit dem, was wir erreichen wollen. Dieses Bild kann aus der Datenbank unseres Gedächtnisses entstammen, aber auch unserer Fantasie entspringen. Und natürlich eine Mischung beider sein. Zu bedenken ist dabei, dass, wenn ich in meinem Leben etwas ändern will, ich möglicherweise mehr auf die Fantasie zurückgreifen sollte, da der Verstand bereits feste Wege in meinem Gehirn von dem vorgezeichnet hat, was heute mein Leben ist und was ich also kenne.

Achte darauf, dass das erschaffene Bild auch wirklich dem entspricht, was du willst. Das kannst du daran erkennen, dass du dich wohlfühlst, wenn du an das Bild denkst.

Nehmen wir als Beispiel den Fall, dass du eine neue Arbeitsstelle haben möchtest, da du dort, wo du z. Zt. arbeitest, nicht zufrieden bist. Du visualisierst dich also an einer neuen Arbeitsstelle, aber du kennst gar nicht die Firma, wo das sein könnte. Stell dir also einfach vor, wie du dort arbeitest, wie deine Kollegen sind und wie gut und realisiert du dich dort fühlst.

Schritt 2 – Das Bild festhalten

Da es sich bei dem in Schritt 1 beschriebenen Bild um ein neues Bild handelt, wird es unser Gehirn schnell wieder loslassen und in Vergessenheit geraten lassen, wenn wir es nicht geistig festhalten bzw. verankern. Dazu müssen wir mit unserer Absicht beitragen, indem wir es bewusst festhalten. Falls wir das nicht tun, werden wir nicht mehr dazu kommen, die weiteren Schritte zu machen. In anderen Worten: Unser Leben geht in seinen gewohnten Bahnen weiter.

Wir sollten es also öfter vor unserem geistigen Auge präsentieren. In unserem Beispiel reicht es also nicht aus, uns die neue Arbeitsstelle einmal zu visualisieren, sondern wir müssen dies öfter machen.

Schritt 3 – Die Bildeinzelheiten

Wir haben also ein Bild von dem erschaffen, was wir erreichen wollen und haben es geistig festgehalten. Nun sollten wir uns dieses Bild ein wenig genauer anschauen und Details ergänzen, mit denen wir uns wohlfühlen. Das bedeutet, dass wir unsere Aufmerksamkeit wirklich auf das innere Bild und seine Einzelheiten richten. Vielleicht wollen wir ja noch etwas ändern?

Wie bereits oben gesagt, ist es sehr wichtig, dass du dich mit deinem inneren Bild wohlfühlst. Wenn du am Anfang einige Details noch nicht definiert hast, macht das nichts. Das können wir jetzt in diesem Schritt tun.

Aber ist nicht unbedingt notwendig, alle Details zu ergänzen. Den Rest kannst du auch deinem höheren Selbst überlassen, das eine viel bessere Perspektive hat und somit mehr Möglichkeiten sieht, als du es könntest.

Wenn du natürlich die genauen Einzelheiten deines inneren Bildes hast, kannst du diese auch gerne vor deinem geistigen Auge ausmalen. Du solltest nur bedenken, dass es dann für das Universum oder dein höheres Selbst etwas länger dauern kann, genau dies zu manifestieren, als wenn du es offenlässt. Und wie gesagt, manchmal weiß unser höheres Selbst auch besser als wir, was am besten für uns ist. Es wird immer versuchen, nur das Beste für uns zu tun.

Schritt 4 – Die Bildanpassung

In dieser Phase prüfen wir noch einmal, wie wir uns mit dem geschaffenen Bild fühlen. Welche Gefühle ruft es in uns hervor? Wenn es irgendetwas gibt, dass unangenehme Erinnerungen oder Gefühle bei uns hervorruft, ist jetzt der Moment, dies zu ändern. Wir wollen nichts Negatives verstärken, sondern nur positive Empfindungen bei diesem Bild haben, die unsere Frequenz erhöhen.

Wenn wir in unserem Beispiel also plötzlich fühlen, dass wir viel zu viel von unserer Freizeit in die neue Arbeit investieren, weil sie uns viel Spaß macht, können wir das hier ändern, z. B. in dem wir uns einen motivierten Assistenten ausmalen, der uns einen Teil der Arbeit abnimmt und mit dem wir ein ausgezeichnetes Team bilden.

Schritt 5 – Das Aufladen des Bildes mit Energie

Als letzten Schritt sollten wir unser inneres Bild nun mit positiver Energie aufladen, also mit einer hohen Schwingung. Wenn wir uns ein Bild nur ausmalen, aber nichts dabei fühlen, wird es viel länger dauern, bis wir es manifestieren, als wenn wir positive Emotionen und Gefühle dabei haben. Das ist das Geheimnis des Geheimnisses oder wie man wirklich erfolgreich die Visualisierungstechnik nutzt.

Ein anderes Beispiel hierzu: Ich nehme an einem Ereignis teil und am Ende werden verschiedene Sachen verlost. Normalerweise sagen die Leute nur: „Ich möchte dies oder das gewinnen.“ Das ist kein schlechter Anfang, besser als gar nichts, aber es bringt uns noch nicht sehr weit. Wenn ich aber klar im Kopf habe, erstens dass ich gewinnen werde und zweitens vielleicht auch noch, was ich gewinnen werde, dann sieht die Sache schon anders aus.

Wie erkenne ich, dass ich klar im Kopf habe, dass ich etwas gewinnen werde? Wenn ich mich dabei ertappe, dass ich schon auf der Stuhlkante sitze, fertig zum Aufspringen, weil man jetzt meinen Namen oder meine Nummer aufrufen wird, dann mache ich es richtig. Und das auf der Stuhlkante Sitzen ist nicht etwas, das ich mir vornehme, sondern etwas, das ganz automatisch aus meinem Inneren kommt, bedingt durch das Gefühl (die Freude, die Aufregung, die Sicherheit), dass ich **weiß**, das ich etwas gewinnen werde.

Wenn ich dem Universum genau sage, welchen Preis ich gewinnen will, mache ich es ihm vielleicht ein bisschen schwieriger. Aber probiert es aus. Es funktioniert.

Wie kann ich meine Gedanken mit positiver Energie aufladen?

Dich schon im Voraus über das Resultat der Visualisierung freuen.

Wir wissen alle, wie man sich fühlt, wenn sich so richtig über etwas freut. Man könnte springen und tanzen vor Freude. Dieses Gefühl muss ich aus meinem Erfahrungsschatz herausholen und mit dem visualisierten Ereignis verbinden. Mit den bloßen Gedanken aus unserem Gehirn funktioniert das nicht. Wenn ich diese Freude wieder präsent habe, mache ich die Visualisierung. So wird sie von einer kraftvollen Energie getragen und unterstützt, die das Resultat schneller herbeiführt.

Es wird vielleicht am Anfang nicht immer auf Anhieb hundertprozentig funktionieren, aber Übung macht den Meister.

Deine Frequenz erhöhen

Hierzu habt ihr mehrere Vorschläge in einem separaten Kapitel weiter unten in den Zusatzübungen. Jeder weiß, was für ihn selbst am besten funktioniert. Sucht euch also das Passende heraus. Musik, die unseren Schwingungszustand erhöht, oder motivierende Menschen sind sicher zwei gute Beispiele.

Ein Vision Board: Ein gutes Werkzeug zur Visualisierung

Unser Unterbewusstsein arbeitet besser mit Bildern als mit Worten, darum ist ein Vision Board ein bewährtes und machtvolles Werkzeug zum Visualisieren. Wenn wir unser visualisiertes Bild nicht aus den Augen (und dem Gehirn) verlieren wollen, sollten wir es uns an einen Ort hängen, wo wir es oft sehen.

Was ist ein Vision Board?

Ein Vision Board ist einfach eine visuelle Darstellung von dem, was wir in unserem Leben haben wollen. Dazu suchen wir Bilder oder auch Sprüche, die unsere Wünsche darstellen und unsere Emotionen positiv aufladen können.

Ein Vorteil des Vision Boards ist es, dass es uns hilft, unsere Ziele klar zu definieren und herauszufinden, was uns im Leben eigentlich wirklich interessiert. Du kannst auf einem Vision Board eigentlich alles anbringen, was du erreichen willst. Wir schlagen dir hier aber vor, dass du dich im Moment auf das Ziel konzentrierst, das du für diesen Zweck in der Täglichen Übung Nr. 1 ausgewählt hast.

Ideen sammeln

Nimm dir einen Moment Zeit, komm zur Ruhe, mach notfalls eine kurze Atemmeditation und schreibe dann alles auf, was du an Ideen zu dem Thema hast, das du visualisieren willst. Was bedeutet dieser Wunsch für dich? Das kann lang-, mittel- und kurzfristig sein. Versuche, den logischen Verstand bei dieser Übung herauszuhalten und die Ideen mehr aus dem

Herzen und der Intuition zu schöpfen. Und bewerte deine Ideen nicht, denn das wäre ja wieder dein Verstand. Wie gesagt, schreib alles auf. Eine Art Brainstorming also.

Ideen in konkrete Ziele verwandeln

Nun hast du ein Ziel und viele Ideen dazu. Jetzt geht es darum, diese Ideen konkreter zu machen. Sagen wir mal, dein Ziel ist ein neues, eigenes Haus. Wie soll das aussehen? Wo soll es sein? Wie groß soll es sein? Welche Form, wie viele Zimmer, welche Einrichtung, ...? Wann willst du es haben? Willst du es neu bauen oder schon ein fertig gebautes kaufen?

Setze den Zeitraum fest, bis wann du das Haus haben willst. Das ist dein langfristiges Ziel. Jetzt unterteile dein Ziel in mittelfristige und kurzfristige Unterziele, die dich zu deinem Traumhaus führen werden.

Jede genauer du deine Ziele definierst, desto einfacher wird es nachher sein, sie auch zu realisieren.

Prüfe auch, ob die Ziele wirklich deine Ziele sind und nicht die von deiner Umwelt.

Das Vision Board gestalten

Jetzt beginnt die praktische Phase. Hierzu besorgst du dir am besten viele Zeitschriften, Kataloge und Fotos, ein großes Poster aus stabilem Papier oder Karton, Kleber, Schere und Stifte.

Aus den Zeitschriften, etc. schneidest du alles aus, was deinen Traum widerspiegelt. Nimm dir dazu ruhig ein bisschen Zeit. Schließe vorher die Augen und atme ein paar Mal tief durch. Visualisiere noch mal dein Traumhaus. Dann setzt du dich am besten an einen großen Tisch oder auf den Boden und fängst an zu sammeln. Du kannst auch Zitate, Sprüche, Wörter oder andere Texte, die dich ansprechen, ausschneiden. Du solltest bei allen Sachen, die du ausschneidest, ein gutes Gefühl haben.

Wenn du fertig bist, ordnest du alles auf dem Poster an, ohne es gleich aufzukleben. So kannst du besser mit den Papierschnitzeln spielen und sie umordnen, bis dir das Resultat gefällt. Du solltest dich wirklich gut und inspiriert fühlen, wenn du es siehst.

Es gibt verschiedene Möglichkeiten, dies zu tun. Du kannst sie in einer Zeitlinie anordnen, vom Zentrum nach außen, wie eine Bildcollage oder Querbeet. Es gibt kein Rezept hierfür. Mach das, was dir am meisten zusagt.

Dann klebst du alles auf.

Mit den Stiften kannst du nun noch Worte dazu schreiben oder etwas ergänzend malen. Das ist immer eine ganz persönliche Botschaft.

Eine andere Möglichkeit ist, dein Vision Board online zu erstellen, mit Musik und vielleicht auch noch ein paar positiven Affirmationen und dir dies mehrmals täglich anzusehen.

Das Vision Board aufhängen

Wie bereits oben gesagt, sollte dein Kunstwerk nun einen prominenten Platz bekommen, wo du es oft siehst. Du kannst es zum Beispiel über deinem Schreibtisch aufhängen. Du kannst es auch fotografieren und im Handy als Hintergrundfoto oder im Computer als Bildschirmschoner festhalten. So siehst du es noch viel öfter.

Auf jeden Fall solltest du täglich etwas Zeit darauf verwenden es anzusehen, sei es als Poster, als Foto oder online.

Das Ansehen deines Vision Boards wird dich gleich immer in einen glücklichen Zustand versetzen, der dich höher schwingen lässt. Dies ist eine weitere Art, wie du Emotionen mit der Visualisierung verbinden kannst. Es wird dir so helfen, deinen Traum schneller im Gehirn festzusetzen.

Auch wenn das Vision Board alleine keine Wunder wirkt, fühlst du dich deinem Traum plötzlich schon viel näher. Mach aber auch den Rest der Übungen!

Tägliche Übung Nr. 4: Dankbarkeit und Wertschätzung

Diese Übung ist sehr wichtig, da die meisten Menschen nicht auf das achten, was sie haben, sondern nur auf das, was sie nicht haben. Wir legen also das Gewicht auf das Negative. Und diese Einstellung hält uns nur zurück, wenn wir das Gute anziehen wollen

Wenn wir dankbar sind für das, was wir haben, bedeutet das, das Gewicht zu verschieben.

Es gibt viele Dinge in unserem Leben, für die wir dankbar sein können. Wenn jemand uns etwas gibt, ist eine „Danke" eine normale Antwort, die uns schon als Kind anerzogen wurde. Die Frage ist, ob wir dieses „Danke" auch wirklich fühlen, oder ob es schon eine automatische Antwort geworden ist.

Aber wann sind wir dankbar für einen Sitzplatz, den wir in der Straßenbahn finden, oder einen Parkplatz im vollen Parkhaus oder einen schönen Regenbogen, den wir nach einem ausgiebigen Regen sehen? Normalerweise nicht, oder? Aber dies sind auch Dinge in unserem Leben, deren Wert wir schätzen sollten. Es tut keinen Schaden, dem Leben, dem Universum oder Gott oder wie wir diese höhere Kraft auch nennen wollen, Danke zu sagen für das, was wir haben, und uns nicht immer nur zu beschweren für das, was wir (noch) nicht haben.

Und wir erreichen etwas Anderes damit. Wir richten unsere Aufmerksamkeit plötzlich auf die guten und schönen Dinge in unserem Leben und Alltag und nicht mehr auf die negativen.

Es ist also eine Frage der Umerziehung unserer Denkweise, indem wir anerkennen und wertschätzen, was wir bereits haben.

Dankbarkeit und Wertschätzung sind sozusagen ein Wundermittel, um unser Leben wieder in die richtigen Bahnen zu lenken.

Wenn du dich in einer Situation oder mit einer Sache negativ fühlst, versuche, die positive Seite zu sehen, für die du in der spezifischen Situation dankbar sein kannst. Denk daran, jede Medaille hat zwei Seiten.

In den drei Wochen, in denen wir an uns arbeiten, werden wir diese Übung in unser Leben integrieren und täglich mindestens eine Sache nennen, für die wir an diesem Tag dankbar sind.

Tägliche Übung Nr. 5: Positive Aktionen für uns selbst

In unserem hektischen Alltagsleben vergessen wir oft völlig, dass wir auch selber existieren. Aber es ist wichtig, auch uns selbst etwas Zeit zu widmen. Das ist kein Egoismus. Eigenliebe ist auch notwendig, um unsere Frequenz zu erhöhen. Nur, wer sich selbst liebt und akzeptiert, kann auch andere lieben und die Liebe anderer akzeptieren.

Es gibt natürlich auch positive Aktionen für andere, aber die kommen weiter unten. Hier geht es im Moment nur um dich!

Diese Übung ist wie ein Bonbon, auf das du dich schon im Voraus freuen kannst.

Die positiven Aktionen für uns selbst sind ganz spezifische Aktionen, die unser Schwingungsniveau und unser Wohlgefühl erhöhen und uns damit die Möglichkeit geben, auf einer höheren Schwingungsebene zu leben. Wir sollten uns daher diese täglichen Leckerbissen nicht entgehen lassen. In dieser Hinsicht zählt jede noch so kleine Anstrengung mehr, als wir oft glauben, und setzt Dinge in unserem Unterbewusstsein in Bewegung, die wir nicht ahnen.

Aber diese Aktionen bringen uns auch wieder mit uns selbst in Verbindung und verstärken unser Selbstbewusstsein, unser Selbstwertgefühl und vermitteln uns erneut, wer und was wir selber sind und was wir brauchen.

Normalerweise reicht es, wenn wir eine Positive Aktion pro Tag für uns machen. Wir sollten zumindest zehn bis 15 Minuten darauf verwenden und die Zeit genießen.

Unten gibt es eine Liste mit Vorschlägen von Positiven Aktionen und ihren Nutzen. Versuche, die Aktionen ein bisschen zu mischen, damit du für alle Aspekte deines Lebens etwas Gutes tust.

Denk daran: Eine pro Tag!

Schreib am Ende im Logbuch auf, wie du dich gefühlt hast, welche Erfahrungen du hattest, kurzum deine Reflexionen. Du findest dort den Platz dafür.

Im Folgenden findest du verschiedene Vorschläge für deine Positiven Aktionen, aber du kannst dir auch eine für dich maßgeschneiderte selber erfinden.

Vorschläge für tägliche, positive Aktionen für dich selbst:

Positive Aktion	**Nutzen**
Eine Massage bekommen	Eine gute Massage kann schon Wunder wirken. Sie löst Verspannungen in unserem Körper, aber auch unsere Seele freut sich darüber, denn sie bekommt ebenfalls Entspannung und Ruhe, und der Handkontakt eines anderen Menschen kann sehr wohltuend sein. Es gibt verschiedenen Arten von Massagen, je nach Bedürfnis, und ein(e) ausgebildete(r) Spezialist(in) weiß uns sicher gut zu beraten. Nachher fühlen wir uns wie neu.
Einen Saunabesuch machen	Bei einem Saunabesuch wird nicht nur die körpereigene Abwehr gestärkt, sondern es dient auch zur Entspannung von Körper und Seele. Zudem hat ein regelmäßiger

	Saunabesuch viele andere gesundheitliche Vorteile.
Ein wohltuendes Bad nehmen	Ein warmes, wohltuendes Bad lockert die Muskeln und entspannt Körper und Geist. Wenn wir es noch mit ätherischen Ölen, Badesalzen oder Kräutern anreichern, wird es zu einem besonderen Badeerlebnis. Viele gute Vorschläge dafür kannst du im Internet finden. Wie wäre es mit schöner Musik und ein paar Kerzen dazu?
Eine kosmetische Gesichtsbehandlung bekommen	Unser Gesicht wird als der Spiegel der Seele bezeichnet und unsere Haut zeigt auch unser Wohlbefinden. Eine professionelle Gesichtspflege, vielleicht auch mit einer Shiatsu Gesichtstherapie, ist eine besonders entspannende Behandlung.
Ein Sonnenbad nehmen	Ein zehnminütiges Sonnenbad hilft uns, unsere Energien wieder aufzutanken. Die Sonne hilft den meisten Menschen, vor allem in den nördlichen Gegenden, sich wohlzufühlen. Und außerdem können wir so unsere Vitamin D Reservoirs

	wieder auffüllen, was auch sehr wichtig für unsere Gesundheit ist.
Die Haut bürsten	Trockenes Hautbürsten ist der einfachste Weg, jünger auszusehen und die Haut zu entgiften und zu straffen. Da diese Massage eine anregende Wirkung hat, sollte man sie vorzugsweise morgens machen.
Tanzen	Tanzen ist schön und macht den meisten Menschen Spaß. Dabei braucht man kein Profi zu sein. Es reicht, sich zur Musik zu bewegen und den Rhythmus zu genießen, um die gesundheitlichen Vorteile der Bewegung zu genießen, aber auch unser Gemütszustand und unser Sozialleben profitieren davon.
Ein gutes Buch lesen	Wer gerne liest, beginnt mit jedem Buch eine neue Reise in die Fantasie und erweitert seine Kreativität und seine Horizonte. Mit einem guten Buch lassen wir den grauen Alltag hinter uns zurück und verbessern unsere geistige Gesundheit. Sicher genug Gründe, um jeden Tag in einem interessanten Buch zu lesen.
Den Sonnenaufgang oder – untergang beobachten	Wie lange ist es her, dass du dich draußen oder vor dem Fenster hingesetzt hast, um einen Sonnenaufgang oder –

	untergang zu beobachten? Es gibt uns das Gefühl, eins mit der Natur zu sein und dass alles gut ist.
Die Natur genießen	Die Natur bringt uns immer wieder auf die Erde zurück, entstresst uns und gibt uns inneren Frieden. Dabei ist es egal, welche Art von Natur es ist. Jeder hat seine eigenen Vorstellungen davon, wo er gerne ist: auf den Bergen, am See oder am Meer, oder einfach im Grünen. Ein Spaziergang im Wald oder sich einfach auf ein paar Steine oder eine Wiese setzen, die Wolken beobachten und die Vögel hören, ist alles, was wir gebrauchen. Die Alltagswelt sollte dabei aber zu Hause bleiben, auch das Handy, damit wir auch wirklich abschalten können. Keine Sorge, die Messages sind auch noch da, wenn du zurückkommst.
Zeit mit deinem Haustier verbringen	Unsere Haustiere sind unsere treusten Gefährten. Der Kontakt mit ihnen ist sehr positiv und heilend. Wenn du den Spaziergang mit deinem Hund machst, werden dein Hund und du ihn bestimmt noch mehr

	genießen. Aber auch das Spielen mit dem Hund oder der Katze zum Beispiel kann unsere Stimmung heben. Und unser Haustier wird es uns danken.
Musik hören	Die Wissenschaft hat herausgefunden, dass Musik viele positive Effekte für den Menschen hat: Sie heilt, sie entspannt, sie macht glücklicher, sie verbessert unsere Konzentration und geistige Leistung, sie bringt uns mit unseren glücklichen Erinnerungen in Verbindung und vieles mehr. Alles gute Gründe, die therapeutischen Vorteile der Musik öfter einmal auszunutzen.
Dein Lieblingsgericht oder etwas Neues kochen	Kochen ist eine Beschäftigung, an die wir zunächst in Bezug auf unsere Ernährung denken. Aber Kochen ist viel mehr. Es ist ein kreativer Prozess, bei dem wir unserer Schöpferkraft freien Lauf lassen können, zusätzlich ein gesundes und nahrhaftes Mahl erhalten und vielleicht auch noch unsere Familie mit etwas Ausgefallenem überraschen können.

Einmal ausschlafen	Wie wäre es mit der Idee, am nächsten Wochenende einfach mal auszuschlafen? Es ist wichtig für unseren Körper und Geist, genug zu schlafen. Im Schlaf erholen wir uns und haben am nächsten Tag wieder mehr Energie.
Umarmungen bekommen oder verteilen	Das ist eine Aktion, die sich sehr gut anfühlt. Der menschliche Kontakt ist sehr wichtig für unser allgemeines Wohlbefinden.
Für die Familie oder Freunde Zeit haben	Unser Familien- und Sozialleben kommt in unserer hektischen Welt oft zu kurz. Ein Abend mit Freunden oder ein Ausflug mit der Familie tut allen gut, bringt uns auf andere Gedanken und lässt uns besser fühlen. Noch besser wäre es, diese Zeit zusammen zum gemeinsamen Kochen und Essen zu nutzen.
Den Lieblingssport machen	Sport ist nicht nur gut für unsere körperliche Gesundheit, sondern hilft auch, geistig abzuschalten und unseren Stresspegel zu senken. Das sollte zu einer regelmäßigen Aktivität werden.

Einem Hobby nachgehen	Wir haben alle irgendeine Freizeitbeschäftigung, die wir gerne machen, die aber all zu oft vergessen oder zurückgestellt wird. Ein Hobby ist unsere ganz persönliche Art, uns auszudrücken. Und das sollten wir nicht missen.
Eine eigene Aktivität aussuchen	Du hast natürlich auch die Möglichkeit, deine eigene Aktivität auszusuchen, die für dich von Bedeutung ist. Wichtig ist dabei nur, dass du darauf achtest, dass es etwas für dich ist und dir guttut, damit du dich danach besser fühlst.

Wöchentliche Übungen

Bis hierhin haben wir dir die täglichen Übungen vorgestellt. Nun ist an der Zeit, die wöchentlichen Übungen kennenzulernen. Es gibt eine pro Woche.

Du wählst die Zeit aus, wann du sie machen willst. Sie kann auch vor und nach ausgeführt werden. Sie sollte nur am Ende der entsprechenden Woche fertig sein.

Eine genauere Erklärung zu den jeweiligen Übungen bekommst du in den folgenden Kapiteln und am Anfang jeder Woche im Logbuch.

Woche 1: Eine Bestandsaufnahme deines Lebens

Woche 1 ist eine Bestandsaufnahme, wie dein Leben zur Zeit aussieht. Es beinhaltet auch die Frage, was für dich die wichtigsten Punkte in deinem Leben sind.

Dazu werden wir aus bestimmten Bereichen unseres Lebens je zwei Aspekte auswählen, die für uns wichtig sind. Wenn wir alle Aspekte nehmen würden, wäre das zuviel und wir würden uns nur verzetteln. Andererseits wollen wir uns aber auch auf die für uns wichtigsten Punkte unseres Lebens konzentrieren. Also reichen je zwei aus.

Diese Übung bringt uns mit unserem höheren Selbst in Verbindung.

Wie bereits vorab gesagt, muss diese Übung nicht auf einmal gemacht werden. Es lohnt sich, sich etwas Zeit für sie zu nehmen.

Das Resultat der Woche 1 werden wir in Woche 3 für deren entsprechende Übung weiterführen.

Die Übung der Woche 1 hilft uns, unser Leben einmal unter die Lupe zu nehmen und positive und negative Aspekte festzustellen, ohne sie aber zu bewerten. Denn gemäß unserem bisherigen Wissensstand haben wir bestimmt das Beste getan, damit unser Leben so ausgeglichen und harmonisch wie nur eben möglich war.

Bitte denke über die folgenden Bereiche deines Lebens nach:

Bereiche deines Lebens	Aspekte
materielle Dinge und mein Körper *notwendig, um gut zu leben*	• Haus • Auto • Geld • Ersparnisse/Schulden • Pension/Rente • Arbeit - Geschäft

	• Arbeit - Anstellung • Urlaub • Gesundheit (körperlich, geistig und emotionell)
Beziehungen jeder Art *notwendig, um zu lieben*	• Ehepartner(in) • Familie • Eltern • Kinder • Ehe • Freunde • Beziehung • Religion
meine Seele *notwendig, um persönlich zu wachsen*	• Bildung • Erziehung • Lernen • Hobbys • Reisen • Unterhaltung/Vergnügen
meine Umwelt *notwendig, um zu helfen und beizutragen*	• Spenden/Schenkungen • anderen helfen • Naturschutz • Adoption • Stipendien

Suche nun für jeden Bereich zwei Aspekte aus, die dir interessant erscheinen und an denen du arbeiten möchtest. Sie müssen nicht unbedingt mit dem Ziel zu tun haben, dass du dir für die dreiwöchige Übung ausgesucht hast.

Trage sie bitte im Logbuch für Woche 1 ein und schreib deine Gedanken und Gefühle hierzu auf.

Woche 2: Das Negative loslassen

In dieser Woche werden wir negative Dinge, die uns zurückhalten, aus unserem Leben verbannen.

Dazu werden wir die Meditation verwenden, mit der wir uns nun schon mindestens eine Woche angefreundet haben. Für diese Übung verwenden wir allerdings eine ganz spezifische Meditation, die Meditation der brennenden Schüssel, zu der wir die einzelnen Schritte in der Übung in Woche 2 des Logbuches beschreiben.

Viele Menschen machen diese Übung zu Neujahr, indem sie überlegen, was sie aus dem alten Jahr mit ins neue nehmen wollen und was sie gehen lassen wollen. Aber es ist eine gute Übung für unsere Zwecke.

Dazu schreiben wir die Dinge, die uns nicht länger nützlich sind oder uns nur noch zurückhalten, auf einen Zettel und verbrennen sie. Das können Gedanken, Gefühle, Sorgen, Bedauern oder Trauer sein, aber auch Beziehungen.

Feuer ist ein sehr reinigendes Element, das uns ausgezeichnet hilft, Energien zu transformieren.

Falls es absolut unmöglich ist, ein kleines Feuerchen zu machen, dann reiß das Papier in so viele kleine Stücke wie möglich und wirf sie weg. Aber das Feuer ist besser!

Diese Übung hilft dir im Anschluss daran auch, das zu sehen, was du wirklich für dich willst. Sie bringt dich mit deiner persönlichen, höheren Weisheit in Verbindung und zeigt dir plötzlich viele, ungeahnte Möglichkeiten.

Im Anschluss an dieses Loslassen kannst du nun die Übung noch komplettieren und die Dinge in dein Leben anziehen, die für dich positiv sind. Das wäre der zweite Teil der Übung im Logbuch.

Die Übung der Woche 2 machst du am besten an einem ruhigen Tag oder Abend komplett auf einmal.

Bis hierhin haben wir mit geistigen Dingen in unserem Gehirn aufgeräumt. Du kannst natürlich das Gleiche auf mit den physischen Dingen in deinem Leben tun und dein Haus einmal durchsehen, was du nicht mehr gebrauchst. Meist sammeln sich mit der Zeit viele Dinge an, die wir gar nicht mehr benötigen. Ein gutes Zeichen dafür ist, dass du sie schon lange nicht mehr gebraucht hast. Entlasse sie aus deinem Leben und mach Platz für Neues. Vielleicht sind sie ja noch jemand anders von Nutzen.

Außerdem hast du in den Zusatzübungen noch eine weitere Übung, die dir hilft, negative Gedanken in positive zu verwandeln.

Woche 3: Deine Ziele - Wo willst du hin?

Wir brauchen im Leben Ziele, wo wir hinkommen wollen. Sonst verläuft unser Leben wie ein Fluss, der sich einfach durch die Landschaft schlängelt. Ohne zu wissen, wo der Ozean ist, sucht das Wasser sich einen Weg und kommt dann letztendlich auch irgendwann mal zum Meer. Das kann aber lange dauern. Wenn wir dies auf unser Leben übertragen, bedeutet das viele Extraschleifen und verlorene Zeit, und damit Frust und Verzweiflung.

Der Schwerpunkt von Woche 1 war unsere Bestandsaufnahme. Wie sieht unser Leben momentan aus?

In Woche 2 haben wir das Negative und nicht mehr Dienliche in unserem Leben losgelassen und aufgeräumt und Platz für Neues geschaffen, das wir auch integrieren konnten.

In der dritten Woche werden wir nun überprüfen, wo wir in unserem Leben hinkommen wollen. Ein klares Ziel hilft uns, den Weg konkret zu planen. Denk daran: Wo ein Wille ist, ist auch ein Weg.

Wir werden also unsere Bedürfnisse, Wünsche und höheren Ziele genauer untersuchen und uns mit ihnen in Verbindung setzen.

Wenn wir ein glückliches Leben führen wollen, müssen wir mit unserem inneren, höheren Selbst in Verbindung sein und synchron gehen.

Nun haben wir in diesem Buch und in diesen Übungen mehr gelernt und können entscheiden, wie wir ein in jeder Hinsicht ein ausgeglicheneres Leben führen können, dass zu uns persönlich passt.

Wenn wir uns in irgendeinem Bereich unseres Lebens unwohl, unglücklich und unzufrieden fühlen, stimmt etwas nicht. Wir sind von unserem Pfad abgekommen und müssen zu ihm zurückfinden.

Dazu müssen wir herausfinden, was wir wirklich wollen.

Für die acht Bereiche, die du in Woche 1 ausgewählt hast und zu denen du dein Leben analysiert und deine Reflexionen niedergeschrieben hast, wirst du nun in dieser Woche darüber nachdenken, was du in diesen Bereichen für dein Leben gerne hättest, so genau wie nur möglich. Das trägst du in Woche 3 in den vorgesehenen Raum ein.

Du kannst dir diese Schemata aus dem Logbuch dann an die Wand hängen, damit du sie nicht aus den Augen und dem Sinn verlierst und deinen Fortschritt ergänzen.

Zusätzliche Übungen

Hier geben wir dir zwei weitere Übungen, die dir zwischendurch helfen sollen, niedrige Frequenzen in höhere zu verwandeln. Gebrauche sie immer dann, wenn du spürst, dass das notwendig ist.

Zusatzübung Nr. 1: Wie kann ich kurzfristig meine Frequenz erhöhen?

Wenn ich merke, dass meine Frequenz im Moment mal nicht so hoch ist, wie sie sein sollte oder wie ich sie gerne hätte, gibt es immer noch Möglichkeiten, sie kurzfristig zu erhöhen. Das holt uns aus einem Stimmungstief zurück oder bringt uns auf die richtige Wellenlänge, um eine Aufgabe gut zu erledigen.

Wir schlagen dir hier verschiedene Dinge vor. Such für dich das Passende aus.

Musik

Jeder hat eine Musik, die er mit angenehmen Erinnerungen verbindet oder die einfach durch ihren Rhythmus oder ihren Text seine Stimmung erhöht. Wenn wir diese hören oder singen, steigt unser Wohlgefühl und damit auch unsere Schwingung.

Tanzen

Tanzen lässt uns beschwingt fühlen und unsere Frequenz geht hoch. Das kann mit dem Partner in einem Tanzsalon sein, aber auch alleine zu Hause zu anregender Musik funktioniert es hervorragend. Dazu brauchen wir nicht einmal besonders gut im Tanzen zu sein; es ist ja nur für uns.

Spazieren gehen

Ein Spaziergang an der frischen Luft kann Wunder wirken, auch wenn wir meinen, dafür keine Zeit zu haben. Und wer einen Hund hat, der ihn begleitet, ist noch besser dran.

Malen oder zeichnen

Wer gerne malt oder zeichnet, hat hier eine ausgezeichnete künstlerische Betätigung, um negative in positive Schwingung zu verwandeln.

Kochen

Wer gerne kocht, hat hier eine tolle Beschäftigung, die kreativ ist und unsere Frequenz erhöht.

Hobbys

Jede Art von Hobby, das wir haben, kann uns helfen, aus einem Stimmungstief herauszukommen.

Unterhaltenmit einem guten Freund

Manchmal tut eine Unterhaltung mit einem guten Freund oder Freundin einfach gut, um nicht weiter unsere düsteren Gedanken zu wälzen. Danach sehen wir die Welt mit anderen Augen.

Zusatzübung Nr. 2: Wie kann ich meine negativen Gedanken schnell in positive umwandeln?

Auch wenn wir uns von nun an auf das Positive konzentrieren wollen, werden wir uns immer wieder mal dabei erwischen, dass wir negativ denken. Das Gute ist, dass wir es schon merken. Aber nicht immer finden wir sofort eine Lösung.

Hier schlage ich dir eine einfache Methode vor, wie du negative Gedanken in positive umwandeln kannst. Wir wollen es an einem Beispiel erläutern. Es sind drei einfache Schritte, die auf alle Situationen anwendbar sind.

Nehmen wir einmal den Fall, dass du gerne eine neue Sprache erlernen würdest, aber es dir einfach nicht zutraust. Daher hast du das Thema immer wieder aus deiner Realität verbannt.

Schritt 1: Nimm deine aktuellen Gedanken zur Kenntnis.

Welche Gedanken, Ideen, Glauben oder Erfahrungen existieren in deinem Gehirn, die es dir immer wieder „erzählt“, wenn du sagst, du willst eine neue Sprache lernen? „Ich bin zu alt dafür, eine neue Sprache zu erlernen. Sprachen lernen kann man nur, wenn man jung ist.“ – „Ich habe keine Zeit dafür.“ – „Warum sollte ich noch eine neue Sprache lernen? Die brauche ich doch gar nicht.“

Du musst dir also zuerst einmal bewusst werden: „Was denke ich denn da (schon wieder)?“ Und dann „Stop!“ sagen.

Schritt 2: Frage nach, ob deine Gedanken und Ideen wirklich wahr sind.

Entsprechen die Aussagen deines Gehirns wirklich der Realität oder sind es einfach nur nachgesprochene Aussagen anderer? Entsprechen sie dem, was du meinst und möchtest?

Wer sagt, dass man mit 40 oder 50 (oder älter) keine neue Sprache mehr erlernen kann? Gibt es niemand, der das gemacht hat? Gibt es wissenschaftliche Beweise dafür?

Du hinterfragst also deine Gedanken.

Schritt 3: Ersetze den negativen Gedanken durch einen positiven.

Frage dich, welches ein positiverer Gedanke wäre, mit dem du den negativen Gedanken aus Schritt 1 ersetzen könntest, um so zu deinem Ziel zu kommen.

Das könnte zum Beispiel eine der folgenden Aussagen sein: „Ich kann in jedem Alter etwas Neues lernen." – „Es ist immer leicht, das zu lernen, was einem Spaß macht." – „Es ist immer gut, etwas Neues zu lernen. So halte ich mein Gehirn in Bewegung und vermeide Alzheimer." – „Wenn ich Italienisch lerne, kann ich beim nächsten Italienurlaub mit de nLeuten vor Ort reden. Das wird ein interessanter Urlaub werden." – „Für Sachen, die mir Spaß machen, habe ich immer Zeit."

Um die negativen Gedanken durch positive zu ersetzen, hilft es oft, dass wir uns auf unsere Stärken und Fähigkeiten besinnen, also auf positive Dinge in unserem Leben hier und jetzt. Unterstützt werden kann dies von einer Atemmeditation (siehe Tägliche Übung Nr. 2), die uns hilft, den Alltag und Stress loszulassen. Wir atmen einfach Ruhe ein und Stress aus.

Dein Logbuch für die nächsten drei Wochen

Hier findest du einen Plan mit den vorgeschlagenen Aktivitäten für die nächsten drei Wochen. Du hast den Platz, um deine Aktivitäten, Aktionen, Gedanken und Reflexionen einzutragen.

Warum drei Wochen? Die Neurowissenschaften haben bewiesen, dass unser Gehirn 21 Tage gebraucht, damit sich neue neuronale Verbindungen bilden. D. h. wir müssen eine Aktivität 21 Tage **ohne Unterbrechung** wiederholen, bis sie für unser Gehirn zu einer Gewohnheit wird. Falls wir zwischendurch einen Tag aussetzen, müssen wir danach wieder mit Tag 1 der 21 Tage beginnen. In 21 Tagen verfestigt sich sozusagen das Gelernte im Gehirn und wird zu einer Gewohnheit, also Teil des Unterbewusstseins.

Neuere Untersuchungen behaupten sogar, wir brauchen mindestens 60 Tage, um neue Verbindungen im Gehirn dauerhaft zu erstellen. Dauerhaft heißt dabei, dass wir sie weiterhin benutzen. Wenn nicht, werden sie langsam wieder abgebaut. Du kannst also das Programm auch 60 oder mehr Tage weitermachen.

Und wenn die 21 oder 60 Tage um sind, vertraue darauf, dass dein Gehirn jetzt alleine mit der erhaltenen Information weiterarbeiten kann.

WOCHE 1

ÜBUNG DER WOCHE 1: EINE BESTANDSAUFNAHME DEINES LEBENS

Suche dir aus jedem der vier Bereiche, die wir dir oben in der Erklärung zu wöchentlichen Übung Nr. 1 gegeben haben, je zwei Aspekte aus, auf die du besonderen Wert in deinem Leben legst, und trage sie in die Tabellen unten ein.

Dann ergänze deine Bemerkungen, Eindrücke, Gefühle und Reflexionen zu diesen Aspekten. Wenn du mehr Platz brauchst, hänge ein weißes Blatt an.

In der Übung der Woche 3 werden wir diese Information wieder benötigen.

Bereich deines Lebens	
materielle Dinge und dein Körper - *notwendig, um gut zu leben*	
Aspekte	*Bemerkungen, Reflexionen*
•	

•	

Bereich deines Lebens	
Beziehungen jeder Art - *notwendig, um zu lieben*	
Aspekte	*Bemerkungen, Reflexionen*
•	
•	

Bereich deines Lebens	
deine Seele - *notwendig, um persönlich zu wachsen*	
Aspekte	*Bemerkungen, Reflexionen*
•	
•	

Bereich deines Lebens	
deine Umwelt - *notwendig, um zu helfen und beizutragen*	
Aspekte	*Bemerkungen, Reflexionen*
•	
•	

TAG 1 **DATUM: __.__.__**

Tägliche Übung 1: Affirmationen zu deinem Thema

morgens: ☐ abends: ☐

Tägliche Übung 2: Meditation

Resultate und Reflexionen:

Tägliche Übung 3: Visualisierung zu deinem Thema

Resultate und Reflexionen:

Tägliche Übung 4: Dankbarkeit und Wertschätzung

Etwas, wofür ich heute dankbar bin	

Tägliche Übung 5: Positive Aktion

Aktion	*Bemerkungen und Reflexionen*

TAG 2 **DATUM: __.__.__**

Tägliche Übung 1: Affirmationen zu deinem Thema

morgens: ☐ abends: ☐

Tägliche Übung 2: Meditation

Resultate und Reflexionen:

Tägliche Übung 3: Visualisierung zu deinem Thema

Resultate und Reflexionen:

Tägliche Übung 4: Dankbarkeit und Wertschätzung

Etwas, wofür ich heute dankbar bin	

Tägliche Übung 5: Positive Aktion

Aktion	*Bemerkungen und Reflexionen*

TAG 3 **DATUM: __.__.__**

Tägliche Übung 1: Affirmationen zu deinem Thema

morgens: ☐ abends: ☐

Tägliche Übung 2: Meditation

Resultate und Reflexionen:

Tägliche Übung 3: Visualisierung zu deinem Thema

Resultate und Reflexionen:

Tägliche Übung 4: Dankbarkeit und Wertschätzung

Etwas, wofür ich heute dankbar bin	

Tägliche Übung 5: Positive Aktion

Aktion	*Bemerkungen und Reflexionen*

Tag 4 **Datum: __.__.__**

Tägliche Übung 1: Affirmationen zu deinem Thema

morgens: ☐ abends: ☐

Tägliche Übung 2: Meditation

Resultate und Reflexionen:

Tägliche Übung 3: Visualisierung zu deinem Thema

Resultate und Reflexionen:

Tägliche Übung 4: Dankbarkeit und Wertschätzung

Etwas, wofür ich heute dankbar bin	

Tägliche Übung 5: Positive Aktion

Aktion	*Bemerkungen und Reflexionen*

Tag 5 **Datum: __.__.__**

Tägliche Übung 1: Affirmationen zu deinem Thema

morgens: ☐ abends: ☐

Tägliche Übung 2: Meditation

Resultate und Reflexionen:

Tägliche Übung 3: Visualisierung zu deinem Thema

Resultate und Reflexionen:

Tägliche Übung 4: Dankbarkeit und Wertschätzung

Etwas, wofür ich heute dankbar bin	

Tägliche Übung 5: Positive Aktion

Aktion	*Bemerkungen und Reflexionen*

TAG 6 **DATUM: __.__.__**

Tägliche Übung 1: Affirmationen zu deinem Thema

morgens: ☐ abends: ☐

Tägliche Übung 2: Meditation

Resultate und Reflexionen:

Tägliche Übung 3: Visualisierung zu deinem Thema

Resultate und Reflexionen:

Tägliche Übung 4: Dankbarkeit und Wertschätzung

Etwas, wofür ich heute dankbar bin	

Tägliche Übung 5: Positive Aktion

Aktion	*Bemerkungen und Reflexionen*

Tag 7 **Datum: __.__.__**

Tägliche Übung 1: Affirmationen zu deinem Thema

morgens: ☐ abends: ☐

Tägliche Übung 2: Meditation

Resultate und Reflexionen:

Tägliche Übung 3: Visualisierung zu deinem Thema

Resultate und Reflexionen:

Tägliche Übung 4: Dankbarkeit und Wertschätzung

Etwas, wofür ich heute dankbar bin	

Tägliche Übung 5: Positive Aktion

Aktion	*Bemerkungen und Reflexionen*

Woche 2

Übung der Woche 2: Das Negative loslassen

Wie bereits oben in der Einführung zu den wöchentlichen Übungen gesagt, werden wir uns in dieser Woche darum kümmern, Negatives aus unserem Leben zu verbannen und durch Positives zu ersetzen.

Du brauchst folgendes:

- einen ruhigen Ort, an den du dich für einige Zeit zurückziehen kannst. Das kann draußen oder drinnen sein.
- eine Tonschale oder etwas Ähnliches, in der du ein kleines Feuerchen machen kannst.
- ein oder zwei Stück Papier und einen Stift.
- Streichhölzer.

Und zusätzlich vielleicht:

- ein Kissen zum Draufsetzen.
- eine Kerze.
- ein Räucherstäbchen.
- entspannende Musik.

Wir haben die Übung in zwei Teile aufgeteilt, wie schon in der Einführung angekündigt. Zumindest solltest du den ersten Teil machen.

Nun gehen wir wie folgt vor:

Teil 1

1. Lies dir im Voraus die komplette Anleitung durch.

2. Du setzt dich nun an den ruhigen Ort, den du dir ausgesucht hast. Wenn es draußen ist, kann es z. B. im Garten oder auf der Terrasse sein. Du setzt dich dann auf einen bequemen Stuhl, das Kissen oder einfach auf den Boden.

3. Wenn du eine Kerze, Räucherstäbchen und entspannende Musik verwenden willst, kannst du sie jetzt in diesem Platz dazunehmen und anzünden bzw. anstellen.

4. Stell die Tonschale vor dich hin und leg die Streichhölzer daneben.

5. Atme ein paar Mal tief ein und beruhige deine Gedanken. Dieses Vorgehen kennst du ja schon aus der allgemeinen Meditationsübung. Bitte dein höheres Selbst und deine spirituellen Führer um ihre Hilfe für diese Übung. Es ist egal, ob du an sie glaubst oder nicht, sie existieren und stehen dir normalerweise zur Seite. Dann nimm dir vor, in der Meditation drei wichtige Dinge aus der Vergangenheit zu sehen, die dich jetzt zurückhalten und dir nicht erlauben, dein Traumleben zu realisieren.

   Wir werden uns nur auf drei Dingen konzentrieren, denn wenn es mehr wären, würden unsere Gedanken zu sehr abschweifen und wir würden uns in all den Dingen, die wir als negativ in unserem Leben empfinden, verlieren.

   Während der Meditation verlassen wir den Beta-Zustand, der unsere rationellen Gedanken kontrolliert, und können somit darauf vertrauen, dass unser höheres Selbst uns die richtigen drei Dinge zeigt, die wir nun freigeben sollten.

6. Schließe nun deine Augen und meditiere eine Weile zu diesem Thema. Wie du siehst, kannst du konkret zu einem Thema meditieren oder das Resultat offenlassen, wie wir es in den täglichen Übungen machen.

7. Schreibe nun diese drei Dinge, die dir zuerst in den Sinn kamen, auf das Stück Papier.

8. Lege dieses Stück Papier nun in die Schüssel vor dir. Du solltest dabei innerlich die volle Absicht haben, diese Dinge aus deinem Leben zu entlassen. Du hast sozusagen deine Gedanken und Gefühle durch das Aufschreiben physisch sichtbar und fassbar gemacht und kannst sie so besser eliminieren.

9. Nun steckst du das Papier mit einem brennenden Streichholz an und lässt es komplett verbrennen. (Ein Streichholz aus Holz ist besser als ein Feuerzeug.) Spüre dabei, wie deine Sorgen und negativen Gedanken mit dem Rauch aus deinem Leben entschwinden.

10. Während du das Feuerchen beobachtest, kannst du mit offenen Augen noch ein bisschen weiter meditieren und dir vorstellen, dass du nun diese negativen Gefühle durch positive ersetzt, die du durch ein weißes oder rosa Licht einatmest. Stell dir deine Zukunft in diesen Farben vor. Du solltest die Erleichterung fühlen, dass die negativen Gedanken und Sorgen nun dein Leben verlassen haben.

    Mach mit der Meditation so lange weiter, bis du all die negativen Dinge auf deinem Papier durch positive ersetzt hast.

TEIL 2

11. Nachdem du den obigen Prozess beendet hast, kannst du den Moment ausnutzen, um nun die drei positiven Dinge, die du im Schritt vorher visualisiert hast, auf ein weiteres Stück Papier zu schreiben.

12. Falte dieses Stück Papier jetzt zusammen und halte es zwischen deinen Händen. Visualisiere weißes Licht, das von deinen Händen zu dem Papier fließt. Bitte dein höheres

Selbst oder deine geistigen Führer um ihre Hilfe, damit sich diese Wünsche erfüllen. Wir dürfen gerne Hilfe annehmen.

13. Leg das zusammengefaltete Stück Papier nun in eine spezielle Schachtel (oder einen Umschlag) und mache sie zu. Du sollte sie an einem Ort verwahren, wo niemand anders sie sieht. Dies ist dein ganz persönliches Ritual.

14. Nach einigen Monaten, zum Beispiel einem halben Jahr, öffnest du die Schachtel wieder, nicht vorher. Wenn du zwischenzeitlich vergessen hast, was auf dem Papier stand, umso besser. So hast du deinem höheren Selbst oder dem Universum die Möglichkeit gegeben, für dich zu arbeiten und die Menschen und Umstände anzuziehen, die notwendig sind, damit sich deine Wünsche verwirklichen. Wir haben somit also unseren logisch denkenden Verstand herausgelassen.

    Überprüfe nun einmal, wie viele von deinen Wünschen sich schon erfüllt haben.

Wenn wir Dinge visualisieren, die wir in unserem Leben haben wollen, geben wir diesen Dingen Energie und Kraft. Darum ist es so wichtig, negative Dinge loszulassen, ihnen also keine Energie mehr zu geben, und stattdessen positive in unser Leben zu integrieren. Wenn wir sie aufschreiben, geben wir ihnen noch mehr Kraft und hinterfragen sie nicht mehr mit unserem logischen Verstand. Wir akzeptieren sie, und unser Gehirn erkennt sie als Realität an. Ohne zu zweifeln.

Dies ist eine sehr machtvolle Übung, die du so oft wiederholen kannst, wie es notwendig ist. Beschränke dich aber jedes Mal auf nur drei Dinge.

Und es ist eine Übung, die man öfter wiederholen sollte, auch, um sie besser zu meistern. Hol dir so vor und nach alles in dein Leben, was du gerne hättest: Wohlstand, Fülle, Gesundheit und Liebe. Und vor allem viel von allem!

Tag 8 **Datum: __.__.__**

Tägliche Übung 1: Affirmationen zu deinem Thema

morgens: ☐ abends: ☐

Tägliche Übung 2: Meditation

Resultate und Reflexionen:

Tägliche Übung 3: Visualisierung zu deinem Thema

Resultate und Reflexionen:

Tägliche Übung 4: Dankbarkeit und Wertschätzung

Etwas, wofür ich heute dankbar bin	

Tägliche Übung 5: Positive Aktion

Aktion	*Bemerkungen und Reflexionen*

TAG 9 **DATUM: __.__.__**

Tägliche Übung 1: Affirmationen zu deinem Thema

morgens: ☐ abends: ☐

Tägliche Übung 2: Meditation

Resultate und Reflexionen:

Tägliche Übung 3: Visualisierung zu deinem Thema

Resultate und Reflexionen:

Tägliche Übung 4: Dankbarkeit und Wertschätzung

Etwas, wofür ich heute dankbar bin	

Tägliche Übung 5: Positive Aktion

Aktion	*Bemerkungen und Reflexionen*

TAG 10 **DATUM: __.__.__**

Tägliche Übung 1: Affirmationen zu deinem Thema

morgens: ☐ abends: ☐

Tägliche Übung 2: Meditation

Resultate und Reflexionen:

Tägliche Übung 3: Visualisierung zu deinem Thema

Resultate und Reflexionen:

Tägliche Übung 4: Dankbarkeit und Wertschätzung

Etwas, wofür ich heute dankbar bin	

Tägliche Übung 5: Positive Aktion

Aktion	*Bemerkungen und Reflexionen*

Tag 11 **Datum: __.__.__**

Tägliche Übung 1: Affirmationen zu deinem Thema

morgens: ☐ abends: ☐

Tägliche Übung 2: Meditation

Resultate und Reflexionen:

Tägliche Übung 3: Visualisierung zu deinem Thema

Resultate und Reflexionen:

Tägliche Übung 4: Dankbarkeit und Wertschätzung

Etwas, wofür ich heute dankbar bin	

Tägliche Übung 5: Positive Aktion

Aktion	*Bemerkungen und Reflexionen*

TAG 12 **DATUM: __.__.__**

Tägliche Übung 1: Affirmationen zu deinem Thema

morgens: ☐ abends: ☐

Tägliche Übung 2: Meditation

Resultate und Reflexionen:

Tägliche Übung 3: Visualisierung zu deinem Thema

Resultate und Reflexionen:

Tägliche Übung 4: Dankbarkeit und Wertschätzung

Etwas, wofür ich heute dankbar bin	

Tägliche Übung 5: Positive Aktion

Aktion	*Bemerkungen und Reflexionen*

TAG 13 **DATUM: __.__.__**

Tägliche Übung 1: Affirmationen zu deinem Thema

morgens: ☐ abends: ☐

Tägliche Übung 2: Meditation

Resultate und Reflexionen:

Tägliche Übung 3: Visualisierung zu deinem Thema

Resultate und Reflexionen:

Tägliche Übung 4: Dankbarkeit und Wertschätzung

Etwas, wofür ich heute dankbar bin	

Tägliche Übung 5: Positive Aktion

Aktion	*Bemerkungen und Reflexionen*

TAG 14 **DATUM: __.__.__**

Tägliche Übung 1: Affirmationen zu deinem Thema

morgens: ☐ abends: ☐

Tägliche Übung 2: Meditation

Resultate und Reflexionen:

Tägliche Übung 3: Visualisierung zu deinem Thema

Resultate und Reflexionen:

Tägliche Übung 4: Dankbarkeit und Wertschätzung

Etwas, wofür ich heute dankbar bin	

Tägliche Übung 5: Positive Aktion

Aktion	*Bemerkungen und Reflexionen*

WOCHE 3

ÜBUNG DER WOCHE 3: DEINE ZIELE - WO WILLST DU HIN?

In dieser Woche wirst du die Bestandsaufnahme deines Lebens aus Woche 1 weiterverwenden und fortführen, indem du

- darüber nachdenkst, wo du hinkommen willst,
- deine Ziele auf dich persönlich abstimmst und
- eine detaillierte Planung machst.

Trage dazu die Aspekte deines Lebens, die du in Woche 1 ausgewählt hast, in die entsprechenden Felder unten ein.

Du hast unten zwei Felder und eine Skala. Beginnen wir mit den Feldern: Das erste Feld ist für den Namen des Aspektes deines Lebens, das zweite Feld für deine diesbezüglichen Ziele.

Dann schließe deine Augen, atme ein paar Mal tief durch und visualisiere, wie du dein Leben für jeden einzelnen Aspekt gerne hättest. Sei dazu bitte so genau wie nur möglich, d. h. definiere dein Ziel mit klaren Worten und einem festen Zeitrahmen, so wie wir es oben schon gelernt haben. Prüfe auch, ob du dich mit dem Resultat wohlfühlen würdest. Wenn nicht, mach noch Änderungen.

Am besten schreibst du deine Gedanken nach jedem Aspekt erst auf, bevor du mit dem nächsten weiter machst.

Nun fehlt uns noch die Skala darunter. Du hast eine Skala mit zehn Unterteilungen vorliegen, von null bis zehn. Markiere in der Skala, wo du den jeweiligen Aspekt in deinem Leben momentan situieren würdest. Dabei bedeutet null noch gar nichts erreicht und zehn zu 100 % erreicht.

Nehmen wir ein Beispiel zur Erläuterung: Sagen wir einmal, dein Traumauto ist ein Mercedes Benz C-Class Cabriolet (ohne Werbung machen zu wollen, aber wir müssen ja ein konkretes Beispiel haben). Nun setzt du die Details dazu. Willst du ihn neu oder gebraucht? Neu, nehme ich mal an. Welche Farbe soll er haben? Wie soll er innen aussehen? Und so weiter, und so weiter. Dann prüfst du vor deinem inneren Auge das fertige Bild, ob du so wirklich zufrieden damit bist oder ob du noch etwas ändern willst. Falls ja, denn tue es jetzt. Nun schreibst du dir auf, für wann dieses Auto deins sein soll, zumindest Jahr und Monat. - Jetzt vergleichst du diese Situation mit deiner aktuellen Situation. Wenn du noch überhaupt kein Auto hast und mit dem Fahrrad oder der Straßenbahn zur Arbeit fährst, dann machst du einen farbigen Punkt oder ein Kreuzchen bei 0 %. Wenn du schon ein Auto hast, es aber ein ziemlich alter Schlitten ist, der dir meistens Probleme macht und jedes Mal nur mit Ach und Krach durch den TÜV kommt, dann trägst du vielleicht 20 % ein. Wenn du schon einen Mercedes Benz C-Class Cabriolet hast, würdest du 100 % eintragen, aber ich nehme an, dann hättest du diesen Aspekt nicht gewählt.

Du kannst auch einen farbigen Markierstift nehmen und die Skala soweit ausmalen, wie du schon bei diesem Ziel gekommen bist. Dann kannst du nachher deinen Fortschritt weiter bunt malen.

Was du nicht machen solltest, ist, darüber nachzudenken, wie du zu deinem Traumauto kommen wirst oder dazu etwas zu schreiben. Wenn dein Ziel fest in deinem Gehirn verankert ist, vertraue darauf, dass dein höheres Selbst und das Universum sich schon darum kümmern werden, dich zu deinem Ziel hinzubewegen.

Ich glaube, die Idee ist damit klar geworden.

Denk daran, dass du nicht alles auf einmal zu machen brauchst. Du hast die ganze Woche dafür Zeit.

Aspekt 1:
Ziel:
Fortschrittsskala: I___I___I___I___I___I___I___I___I___I___I 0 50 100 %

Aspekt 2:
Ziel:
Fortschrittsskala: I___I___I___I___I___I___I___I___I___I___I 0 50 100 %

Aspekt 3:
Ziel:
Fortschrittsskala: |___|___|___|___|___|___|___|___|___|___| 0 50 100 %

Aspekt 4:
Ziel:
Fortschrittsskala: |___|___|___|___|___|___|___|___|___|___| 0 50 100 %

Aspekt 5:
Ziel:
Fortschrittsskala: |___|___|___|___|___|___|___|___|___|___| 0 50 100 %

Aspekt 6:
Ziel:
Fortschrittsskala: |___|___|___|___|___|___|___|___|___|___| 0 50 100 %

Aspekt 7:

Ziel:

Fortschrittsskala:

|___|___|___|___|___|___|___|___|___|___|
0 50 100 %

Aspekt 8:

Ziel:

Fortschrittsskala:

|___|___|___|___|___|___|___|___|___|___|
0 50 100 %

TAG 15 **DATUM: __.__.__**

Tägliche Übung 1: Affirmationen zu deinem Thema

morgens: ☐ abends: ☐

Tägliche Übung 2: Meditation

Resultate und Reflexionen:

Tägliche Übung 3: Visualisierung zu deinem Thema

Resultate und Reflexionen:

Tägliche Übung 4: Dankbarkeit und Wertschätzung

Etwas, wofür ich heute dankbar bin	

Tägliche Übung 5: Positive Aktion

Aktion	*Bemerkungen und Reflexionen*

TAG 16 **DATUM: __.__.__**

Tägliche Übung 1: Affirmationen zu deinem Thema

morgens: ☐ abends: ☐

Tägliche Übung 2: Meditation

Resultate und Reflexionen:

Tägliche Übung 3: Visualisierung zu deinem Thema

Resultate und Reflexionen:

Tägliche Übung 4: Dankbarkeit und Wertschätzung

Etwas, wofür ich heute dankbar bin	

Tägliche Übung 5: Positive Aktion

Aktion	*Bemerkungen und Reflexionen*

TAG 17 **DATUM: __.__.__**

Tägliche Übung 1: Affirmationen zu deinem Thema

morgens: ☐ abends: ☐

Tägliche Übung 2: Meditation

Resultate und Reflexionen:

Tägliche Übung 3: Visualisierung zu deinem Thema

Resultate und Reflexionen:

Tägliche Übung 4: Dankbarkeit und Wertschätzung

Etwas, wofür ich heute dankbar bin	

Tägliche Übung 5: Positive Aktion

Aktion	*Bemerkungen und Reflexionen*

TAG 18 **DATUM: __.__.__**

Tägliche Übung 1: Affirmationen zu deinem Thema

morgens: ☐ abends: ☐

Tägliche Übung 2: Meditation

Resultate und Reflexionen:

Tägliche Übung 3: Visualisierung zu deinem Thema

Resultate und Reflexionen:

Tägliche Übung 4: Dankbarkeit und Wertschätzung

Etwas, wofür ich heute dankbar bin	

Tägliche Übung 5: Positive Aktion

Aktion	*Bemerkungen und Reflexionen*

TAG 19 **DATUM: __.__.__**

Tägliche Übung 1: Affirmationen zu deinem Thema

morgens: ☐ abends: ☐

Tägliche Übung 2: Meditation

Resultate und Reflexionen:

Tägliche Übung 3: Visualisierung zu deinem Thema

Resultate und Reflexionen:

Tägliche Übung 4: Dankbarkeit und Wertschätzung

Etwas, wofür ich heute dankbar bin	

Tägliche Übung 5: Positive Aktion

Aktion	*Bemerkungen und Reflexionen*

TAG 20 **DATUM: __.__.__**

Tägliche Übung 1: Affirmationen zu deinem Thema

morgens: ☐ abends: ☐

Tägliche Übung 2: Meditation

Resultate und Reflexionen:

Tägliche Übung 3: Visualisierung zu deinem Thema

Resultate und Reflexionen:

Tägliche Übung 4: Dankbarkeit und Wertschätzung

Etwas, wofür ich heute dankbar bin	

Tägliche Übung 5: Positive Aktion

Aktion	*Bemerkungen und Reflexionen*

TAG 21 **DATUM: __.__.__**

Tägliche Übung 1: Affirmationen zu deinem Thema

morgens: ☐ abends: ☐

Tägliche Übung 2: Meditation

Resultate und Reflexionen:

Tägliche Übung 3: Visualisierung zu deinem Thema

Resultate und Reflexionen:

Tägliche Übung 4: Dankbarkeit und Wertschätzung

Etwas, wofür ich heute dankbar bin	

Tägliche Übung 5: Positive Aktion

Aktion	*Bemerkungen und Reflexionen*

Schlussworte

Letztendlich sind wir das Resultat von dem, was wir in der Vergangenheit gedacht, getan und erlebt haben.

Wenn wir am Ende unseres Lebens sagen, dass das Leben, das wir gelebt haben, nicht das war, was wir uns gewünscht hatten, haben wir es nicht richtig gelebt. Leider geht es den meisten Menschen so.

Wir kommen mit einer Mission hierher und erfüllen nur einen kleinen Teil von ihr, weil wir uns in unsere negativen Gedanken und Gefühle verstricken und uns so den Weg selbst verstellen. Dieses Buch hilft dir, einen Weg aus diesem Dilemma zu finden.

Nachdem du nun verstanden hast, was Visualisierung ist und wie du sie realisieren kannst, mache ich dir einen Vorschlag. Was hältst du davon, wenn du deinen nächsten Urlaub anhand der Visualisierung richtig gut im Voraus „planst“? Es sollte dein Traumurlaub werden, also arbeite einige Wochen oder Monate daran.

Und denke daran:

Der Glaube kann Berge versetzen.

&

Wo ein Wille ist, ist auch ein Weg.

Viel Spaß!

Referenzen

1. Geführte Meditation zum Download. Meditation-Download

2. WIE OBEN SO UNTEN. Emotionen, Gefühle und Empfindungen.

3. Napoleon Hill: Denke nach und werde reich.

4. Louise L. Hay: You Can Heal Your Life

5. Rhonda Byrne: The Secret – Das Geheimnis

6. Wikipedia.de: Elektroenzephalografie

Lieber Leser,

Wir hoffen dieser Ratgeber hat dir gefallen und du setzt das hiermit preisgegebene Wissen um!

Dein Next Level Academy Team

NextLevel
ACADEMY

Kontakt:Angelina Ziegler/Theodor-Kiefer-Straße 11/67663 Kaiserslautern

Covergestaltung: Creativelog

Coverfoto: depositphotos

36381246R00090

Printed in Poland
by Amazon Fulfillment
Poland Sp. z o.o., Wrocław